子どもを「伸ばす親」と「ダメにする親」の習慣

池江俊博
ikee toshihiro

はじめに

私の最初の職業は航空自衛隊の戦闘機のパイロットでした。能力を高める訓練を受けながら教育に関心を持ち、学ぶようになりました。そして20代の後半から幼児教育に携わり、幼児の能力開発を中心に活動をしてきました。

現在は中国で早期教育について伝え、2000人以上の先生たちを育成指導するとともに、多くのお母さん方からの相談にお答えしています。また日本に帰国したときには、大人向けのセミナー活動を行うとともに、多くの経営者たちと接しています。

そんな経験から、大人になってからのありかたには、子ども時代にどう育てられたのかが大事だということを肌で感じています。子どもを伸ばすのに大切なのは能力を育てることではなく、性格や行動面をどう育てるのかだと。それが成績や将来の成長力にも繋がります。

では性格形成にとって大事な時期はというと、やはり就学前。性格は遺伝する面もありますが、ほとんどが後天的な環境の影響によって作られます。もちろん学校に上がってからでも取り返しはつきますが、年齢が低いほど、親の影響は大きいと感じます。

ですから、親や周囲の大人が、子どもに普段どのように関わっているか。関わりかたの「習慣」が大切になるのです。子どもも、それを「習慣」として学んでいきます。

習慣は持って生まれたものではなく、子どもも大人も後天的に学んで身につけるもの。ですから、最初は意識的に関わることからはじまります。練習が必要かもしれません。

そして子どもには、成果を求めず、淡々とひたすら与えることが大事です。「教えたでしょう!」ではなく、何度も繰り返すことが当たり前なのだと考えてください。つまり、与えるけれども「〝待つ〟教育の習慣」がとても大切なのです。

素地がしっかりすると、子どもは一を聞いて十を知るように育ちます。幼児のうちに、その後の一生のもとが形成されます。

いまの「子育ての習慣」が、心をよく育てているのかを考えていきましょう。

本書は、忙しい合間にも短い時間でさっと読めるよう、小さなトピックに区切って書きました。パラパラとめくってみて、ひとつでも「そうだな」とか「やってみようかな」とか思えることがあれば、それが最初の一歩です。

「やったね!」「嬉しいね!」「幸せだな」楽しい子育ての一助となれば幸いです。

お父さん、お母さん、まわりの大人たちの愛が、子どもへと伝わり、少しでも多くのご家庭に、お子さんの健やかな成長がもたらされることを祈っています。

池江俊博

第1章　子どもをぐんぐん伸ばす親の40の習慣

第2章　しつけ・ルールを身につけさせる親の30の習慣

○カバーデザイン　OAK　辻 佳江
○編集協力　大川内 麻里
○本文デザイン　@home　堤 佳保
○イラスト　河原 ちょっと

※本書は、弊社より2007年に発行された『あたりまえだけどなかなかできない　親子のルール』を全面的にリニューアルした本です。

第1章

子どもを ぐんぐん伸ばす 親の40の習慣

01

子どもを伸ばす親は、**共感してから適切に褒め**
ダメにする親は、**うまくいかなかったときでもおだてる**

○
子どもが成功して喜んでいるときに気持ちを汲んで、おおいに褒める。
うまくいかなかったときも、まず共感。

×
うまくいかなかったときにも無理やり褒め、不信感を抱かれたり傷つけたりする。
表面的な褒め言葉をかけたりおだてたりする。

ステキなお船ができたね！
えへへー

褒める教育はとても大切です。しかし「褒め言葉をかける」ことばかりに意識を向けて、子どもの気持ちに共感することがおざなりになっているようではいけません。

子どもがうまくいって感動しているときに、具体的にどこがというのを示した上で「素晴らしいなあ」「すごいね！」「さすがだなあ！」「素敵！」などと褒めるのは、大変よいでしょう。

しかし子どもが「しっぱいした」「だめだった」「がっかりした」と浮かない気持ちのときに「素晴らしいなあ！」とやったらどうでしょう。

不信感を抱かれたり、かえって傷つけてしまったりしかねません。

「褒める」ことと「おだてる」ことは違います。状況に合わなかったり、子どもの気持ちに寄り添っていなかったりする褒め言葉は、かえって信頼関係を壊してしまうだけ。またむやみにおだてられ、ちやほやされて育つと、底が浅い人間になってしまいます。

うまくいかなかったときには「うまくいかなかったね」とまず共感。子どもの世界を共有していることを示し、心の信頼関係（ラポール）を作ってから褒めるように心がけてください。

❖かわゆくば、ふたつ叱って三つ褒めて、五つ教えてよき人にせよ

——日本のことわざ

02

子どもを伸ばす親は「自由」を与えることでやる気を促《うなが》し
ダメにする親は、過干渉でやる気や心の成長を妨げる

○ 子どものすることに未熟な部分が見えても
手を貸さずに見守る。
放っておくのではなく、見守る。

× 本人が一生懸命やっているときに
手出しや口出しをしたり、
「そんなことより○○しなさい！」と言う。

子どものやる気は「自由」と達成感が与えられることによって育ちます。

ですから、子どもがなにかをしようと頑張っているときには、たとえ未熟な面があっても、手出しや口出しをせずに、成長を待ち、じっと見守ることです。手を貸さないことを冷たく感じる人もいるでしょうが、過干渉は心の成長を妨げます。

ただし「自由」と「放任」は異なります。子どもを放任する、つまり親が教育を放棄してしまっては、親子間の情緒的な結びつきは希薄となり、やる気ばかりか思いやりの心も育たず、情緒の安定しない子どもになってしまいます。

自由を与え、手出しをせず見守ることにしたら、それまで以上に子どもの様子をよく見ましょう。一緒に遊んだり経験を積んだり、共有する時間をたくさん作りましょう。

子どものしていることに「そんなことより、○○しなさい」と言っていませんか？　それは親の価値観の押しつけにすぎません。子どもの価値観を尊重しましょう。

しつけとは、心を育てること。親の誤った「しつけ観」が、子どものやる気や心の成長を阻害《そがい》することもあるのです。

♧子育てで大事なのは〝待つ〟習慣。自由を与えて見守りましょう

03

子どもを伸ばす親は、**子どもが自分で選んで決める力を育み**
ダメにする親は、**なんでも親が決め「他人のせいにする子」に育てる**

○
日常の小さなことから、自分の頭で考えさせる。食事でも「はーい、あーん」ではなく「どっちから食べる？」と選ばせる。

×
なんでも親が決めて、子どもにさせる。子どもは自分で選んできた感覚が持てず他人のせいばかりにする人間に育つ。

あと5分で帰るけれど…
それまで遊んでる？すぐ帰る？

人生の舵《かじ》取りをするのは、自分です。親の指示や命令に従って育った人は、自分の人生に責任を持てず、思わしくないことを、すぐ他人のせいにしがちであるように感じます。

自分で選んだり決めたりする習慣を身につけていれば、自分の選択で人生を生きている実感が得られ、自信がつきます。嫌な出来事も他人のせいにせず、自分の人生に責任を持てる人間に育ちます。小さなころからの積み重ねで、主体性を育《はぐく》む必要があるのです。

たとえば遊んでいるとき。「あと5分したら帰るよ。それまで遊んでる？　それともすぐ帰る？」と選ばせる。子どもは、その時点での達成感や満足感から、すぐに帰るか、時間まで遊ぶかを考えて選択するでしょう。

そのように育つと、成長してからも、自分で選択肢を探し出していくようになります。選択する力は、日常のさまざまなシーンで育てることができます。

もしお子さんが、親に聞かないと物事を決められないとお感じでしたら、小さいころからの育てかたを振り返ってみてください。主体性がないと気付いたら、過干渉をやめて、「どっちにする？」と自分の頭で考え、選択をさせる習慣を持ちましょう。

❖人生は選択の連続である——シェークスピア

04

子どもを伸ばす親は、難しいことも子どもが挑戦したければさせ

ダメにする親は、失敗に「だから無理だって言ったじゃない」と言う

○ 最初から無理だと決めつけず、自分でやらせ、必要なときにだけ手を貸す。失敗したら「次はうまくいくといいね」。

× なんでも親が世話を焼いてあげる。挑戦して失敗した子に「だから無理だって言ったじゃない」と言う。

子どもが「自分でやる」と言うときは、挑戦する意欲があるときです。たとえ無理だと思っても、自分でやらせましょう。

どうしてもできなければ「やって」と助けを求めてくるでしょう。そのときにはじめて手を貸してあげればいいのです。

そして〝挑戦した〟ということを褒めてあげましょう。決して「だから無理だって言ったじゃない」「最初からそう言ってくればいいんだ」などと言わないことです。

挑戦する意欲、やる気を持っていない子どもの家庭環境を見ると、親やおばあちゃんがなにからなにまで世話を焼いてることが多くあります。

子や孫への愛であり、親切心のつもりでしょうが、それでは子どもに挑戦する力はつきません。愛情表現はわきまえましょう。もちろん、周りの大人にもおなじことが言えます。

目先の子どもの歓心《かんしん》を買おうと、大人たちのやることが、子どもからチャレンジ精神や意欲を奪ってしまうこともあるのです。お金に換えられない一生の財産です。

子どもの「自分でやりたい」という意欲を大事にし、見守ってやりましょう。

♧「やりたい」意欲を大切に。手を貸すのは、助けを求められてから

05

子どもを伸ばす親は、自分の足で歩く楽しみを与え
ダメにする親は「歩きたがらないから」といつまでもベビーカー

○ どんどん自分の足で歩かせる。歩きたがらなくてもゲームの要素を取り入れ運動能力や基礎体力をつけさせていく。

× 「歩きたがらないから」ベビーカーや抱っこ。「～したがらないから」となんでも言うことを聞いてあげる。

「この子、歩かないんです」。幼稚園児にもなる4～5歳のお子さんをベビーカーに乗せている親御さんを見ます。具合でも悪いのかと思えば、そうではなく、「子どもが乗りたがるから」「親にとって都合がいいから」「楽だから」という理由で乗せていました。

これはお子さんを大事にしすぎて、本来育てられる能力を育てていない一例と言えます。

歩くようになった子どもは、どんどん歩かせましょう。歩くことで、体力もついていきます。幼いころにつけた基礎体力は、その後の成長に大きく関わります。

しかしベビーカーや抱っこが大好きで歩きたがらない子にはどうしたらいいでしょう?

まず近くの電柱を指し「あの電柱まで歩いたら抱っこしてあげるね」。ほんのちょっとの距離でいいので歩かせます。歩けたら「すごーい! よく歩いたね!」とぎゅーっと抱きしめながら伝えます。その次のときは、もう少し遠くの電柱まで。「あの電柱まで行けるかな～。あそこまで行ったら抱っこしてあげるね」。――これを繰り返していきます。

楽しいゲームにしてしまえばいいのです。自尊心をくすぐり、満足感を覚えさせながら、歩く力を育てていきましょう。運動能力も、親の働きかけで変わるのです。

健康なからだがよいこころを作ります

06

子どもを伸ばす親は、コップを運ぶのに「流しにそーっと置いてね」

ダメにする親は「こぼさないで運んでね」と言う

○ 望ましい状態、成功した状態をイメージさせる言葉をかけることで、うまくいくよう導《みちび》く。「落ち着いて運べるね」「そーっと置いてね」

× 「△△しないように□□してね」という言葉で子どもに失敗した状態をイメージさせ、かえって失敗を招いてしまう。

水の入ったコップを「こぼさないで運んでね」と言われると、だんだん手が震えてこぼしてしまう――大人でも経験することですよね。子どもならなおのことそうです。

なぜこぼさないようにと言われると、かえってこぼしてしまうのでしょうか？

それは「こぼさないでね」という言葉が、こぼす状態をイメージさせてしまうから。

人間は潜在意識のとおりに動きます。そして潜在意識はイメージとつながっています。

「こぼさないで」という言葉でこぼす状態をイメージさせられると、子どもたちは特にイメージする力が強いので、そのとおりの結果を引き起こしてしまうのです。「△△しないように」と言われると、人はかえってなりたくない方向へ進んでしまうものなのですね。

また「この子は悪い子だ」というイメージや気持ちが親のなかに潜《ひそ》んでいると、それもお子さんに伝わってしまいます。子どもの悪い部分をよくしようという考えかたと、よい部分に焦点を当てて伸ばそうとする考えかた。大きな違いとなって現れます。

水の入ったコップであれば「流しにそーっと置いてね」「落ち着いて運べるね」と望ましい状態、できあがったイメージをさせるように語りかけてあげましょう。


❖人はプラス面だけを見ると、成長し発展する――中島三郎

07

子どもを伸ばす親は、褒める意味であっても比べず、個性を大事にし
ダメにする親は、よその子やきょうだい、親の子ども時代などと比べる

○

褒める意味であっても比べない。

人と違うのが当たり前。

個性を認めて能力を引き出し、伸ばす。

×

「○○ちゃんはちゃんとやってるよ」

「○○ちゃんのほうができるねえ」

よその子やきょうだい間などで比べる。

私たち親の世代は、幼いころから比較をされて育ってきていますから、「比べない」という感覚はわかりにくいかもしれません。人と比べてみて自分が無難なところにいれば、ほっともします。しかしそれは基準が自分ではなく、不確定要素の多い他人にあることになります。考えてみてください。生まれたときからまったく別の人間なのですから、違っていて当たり前。比較することには、なんの意味もありません。

比較をするときは、子どもをマイナスに見てしまいがちです。あそこがいけない、ここがいけないと見てしまう。「○○ちゃんはできるのに、うちの子はできない」。きょうだいで比べてしまうこともありますね。「弟はきちんとできるのに、あなたはお兄ちゃんでありながら、どうしてできないの」。ほかにも「パパの子どものころはできた」など。

また逆に「あなたのほうができるわねえ」といった比較を含めた褒めかたもいけません。たとえそのとき勝っていても、逆転することもある。比較された相手を思いやって胸を痛める子もいます。誰かと比較することそのものが、子どもを傷つけるのです。

個性を見てあげてください。競争するのなら、他人とではなく、自分と競《きそ》うことです。

❖君子は自分で自分を見て人と比べず。小人は人と比べて自分を見ず――論語

08

子どもを伸ばす親は、子どもの短所を決して口にせず
ダメにする親は、謙遜《けんそん》のつもりで「ダメな子で」と負の暗示をかける

○
子どもの長所や望ましい状態しか口にしない。

「この子は積極的でねえ」

「しっかりしているのよ」「明るい子でね」

×
「うちの子はダメで」「できない子で」
謙遜のつもりで、子どもの短所を口にする。
子どもには暗示となり、望ましくないほうへ。

立ち話などで、謙遜のつもりで「うちの子は引っ込み思案でねえ」「だらしなくて」「言うことを聞かなくて」「乱暴で」「ろくなことをしない」などと言っていませんか？

その言葉は暗示として、お子さんの無意識のなかに刷り込まれていきます。

そして、そうなってほしくないのに、かえってそのとおりに育っていってしまうのです。なぜか。人間の行動の大部分は、無意識に支配されているからです。

ですから、お子さんの耳に入るところで、短所については決して口にしないことです。

人に話すのならば、望ましい状態を口にするようにしましょう。「この子は積極的でねえ」「しっかりしているのよ」「明るい子でね」「賢いんですよ」「よく話を聞いてくれる」「思いやりがある」「優しい子です」。

そう考えると、日ごろひどい暗示をかけてしまっているなと思い当たることがあるでしょう。謙遜のつもりが、とんでもない負の暗示になってしまっていた、と。

そう気付いたら改めましょう。短所ではなく、長所を見る。口にする。望めば誰にでもできますよ。やがて褒め上手で、お子さんから信頼される親に変わることができるでしょう。

それは「謙遜」ではなく「負の暗示」。望ましい暗示をかけてあげましょう

09

子どもを伸ばす親は「やる気」と「結果」をわけてとらえ
ダメにする親は「やる気がないからできないんだ！」と決めつける

○

いい結果が出せなかったり
失敗したりしても
やる気がないせいと決めつけない。

×

「やる気がないからできない」という
一方的な決めつけは
子どもの自発的なやる気を削《そ》ぐだけ。

「やる気がないからできないんだよ」「こんな成績を取るのは、やる気がないからだ」

成績や習い事の思わしくない「結果」や「失敗」を、子どものやる気がないせいだと決めつけてしまっていませんか？

本来、「やる気」と「結果」は直結するとは限らないもの。

スポーツ選手がミスをしたときに、解説者が「やる気がないプレイですね」などと言いますが、おかしなことです。彼は単純にミスをしただけで、やる気があったかどうかなんて、本人にしかわからないのですから。

相手の心のなかを勝手に読んで作り上げるのは心理学的に見てもナンセンスです。

お母さん、お父さんだって「子どもがそんなこともできないのは、愛情がないからだ！子育てなんかやめなさい」なんて言われたら、カチンときませんか？

うまくいかなかったときは、子どもなりに悔しかったり考えたりしています。どう励まして、前向きに挑戦させるか。それが親の役目ではないでしょうか。

せめて「○○だと、やる気がないように見えるよ」という指摘のしかたに留《とど》めましょう。

♧ 子どもの心を勝手に決めつけず、挑戦する勇気を育てましょう

10

子どもを伸ばす親は、熱中している子どもを満足するまで見守り
ダメにする親は、親の価値観で「つまらないからやめなさい」と言う

○

集中しているときには見守る。中断させない。
子どもは達成感を味わえるので、
次へ挑戦する意欲が湧《わ》く。

×

子どもが集中しているときに
「もういい加減にやめなさい」。
達成感が味わえず、飽きっぽく根気のない子に。

砂場遊び、ブロック、図鑑を見る、お絵かき……好奇心旺盛な子どもは、次々といろんな遊びに手を出していきますが、ときどきひとつのことに興味が持続することがあります。集中力の成長のはじまりです。呼びかけても「待って」。満足を得るまで続けたがります。そんなときに、こんな言葉をかける親がいます。

「違う遊びにしなさい」「そんなのおもしろくないでしょう」「つまらないからやめなさい」――。教育的配慮のつもりなのでしょうか。

しかし、子どもは「やった、できた！」と達成感を得ることで、次に挑戦する意欲を持ちます。また「もう少しやってみよう」で、学習意欲のもとが作られていきます。

そんなときに、親の一方的な言いつけで中断させられてしまったら。

仮に親の望むほかのことをやらせても、子どもは後ろ髪を引かれる思いでいますから、気乗りしません。覚えなども悪くなりますし、達成感も味わえなくなってしまいます。

達成感を味わわずに育った子は、やり遂《と》げる喜びを知りませんから、飽きっぽかったり、根気がなかったりします。モノだけでなく、言葉も与えすぎていませんか？

♧親にできるのは、子どもの好奇心の赴《おもむ》くまま、熱意の続くままに見守ることです

11

子どもを伸ばす親は、**子どもも手伝える家族行事で絆を深め**

ダメにする親は、**家族行事や家族イベント、年中行事に無関心**

○ 家族が揃う行事やイベントを作る。子どもが喜んで手伝えるような工夫をする。家族の絆、日本文化や四季への感覚を養《やしな》う。

× 家族行事やイベント、年中行事に無関心。園や学校で行われている行事にも無関心。子どもに参加させる工夫をしない。

私の生家では、毎年行う行事があります。おじいちゃん、おばあちゃんから孫たちまで、全員が集まって、年末の決まった日に餅つきをするのです。4人きょうだいで、それぞれ家庭がありいそがしいのですが、年に一度はそこで顔を合わせるようにしています。笑いの絶えない一日で、家族揃《そろ》って成長を写真に残しもします。

年中行事とは、本来は暮らしの一部でした。教えて伝えるものではなく、この時期にはいつもこういったことをする、という生活の積み重ねだったのです。

お正月、節分や花見、ひな祭りやこどもの日、七夕、お月見……家族みんなで楽しむイベントを設けていただきたいです。

園や学校の行事に合わせて「わが家ではなにをしようか」と考えるのでいいのです。子どもにもなにか役割を与えれば、準備から楽しんで取り組むことができますし、一生の家族の思い出として残ります。

なにもかしこまったかたちでなくとも、「わが家のイベント」でいいのです。家族揃って参加できるイベントであることが大事。家族の絆が培《つちか》われますよ。

♧日本の豊かな文化や四季を味わいながら、家族の絆を深めましょう

12

子どもを伸ばす親は、**子どもにルーツを伝えることで自己を確立させ**

ダメにする親は、**家族の歴史に無関心で、名前の由来も伝えない**

○ 家族の歴史や名前の由来を伝えることで、子どもに、自分という存在への自信を与える。自己を確立させる。

× ルーツに関心がない。知っていても伝えない。自分が何者なのか、自信が持てず、子どもは自己を確立しづらい。

海のように広く深い人にと願いを込めて「海人」にしたんだ

ご自分の家族の歴史を知っていますか？　子どもに話したことはありますか？　祖父母や、さらに上の代のかたについて聞いたり、子どもに伝えたりしたことがありますか？

ルーツについて、話せる範囲で、できる限りたくさん話してあげましょう。

まずはお子さんの名前の由来。名前の成り立ちを知ると、自分に自信がついてきます。

私の場合は、両親が名前の由来を教えてくれましたし、親戚のおじさんが苗字の由来や、先祖がどういう人だったかを教えてくれました。幼いころにそういった話を聞く機会に恵まれたことは、貴重な体験でしたし、いまの私に生きています。

なにも立派な家系でなくていいのです。記憶があいまいなところもあるでしょう。完全に正しいことを伝えなければならないわけではありません。家柄を自慢することも卑下《ひげ》することもありません。

ただ自分が何者であるか。家族の歴史や名前の由来を知ることで、子どもは自己を確立させていくことができるのです。

まずは親が自分のルーツを知ること。郷里に帰ったら、ぜひ探ってみてください。

❖自信は成功の第一の秘訣である――エマーソン

13

子どもを伸ばす親は、子どもの気持ちを大切にして、共感力を伸ばし
ダメにする親は、自分の気持ちを優先し、子どもの気持ちを汲まない

○あれがしたい、これがしたいという子どもの欲求や要求に、まず共感を示してから大人の都合を諭《さと》す。

×子どもの気持ちに共感を示すことなく、大人の都合を押しつける。子どもの共感力や素直さが育たない。

子どもの欲求や要求に、大人の立場からすぐ結論を伝えてしまっていないでしょうか。ひと呼吸おいて、まず子どもの気持ちを汲んであげましょう。

たとえば子どもが「もっと遊びたい」と言ったら「もう終わり！」ではなく、「遊びたいよね、楽しいもんね」と共感を示し、その次に「もう○○をする時間で、それをしないとお母さんも時間がなくなって大変なのよ」と伝えます。まず子どもの言葉を繰り返して気持ちを示す。親が子どもに十分な共感を示すことで、子ども自身の他人の気持ちを理解し、共感する力が育まれます。

実はお子さんが赤ちゃんのころには、みなさん、これを本能的に行っているんですよ。赤ちゃんが「あ〜」と言ったら「あ〜」と言ったり、声の高さを合わせて応じたり。ところが成長するにつれて、自分の気持ちを押しつけがちになってしまうのですね。

慣れるには意識して心がけ、練習することも必要かもしれません。子どもをひとりの人として尊重する気持ちが大切です。子どもの共感力は学習能力にも影響を及ぼしますから、ぜひ取り組んでいただきたいです。

♧「共感」とは、子どもの言葉を繰り返して気持ちを示すことです

14

子どもを伸ばす親は、家族のなかで尊敬の言葉やいい言葉を口にし
ダメにする親は、家庭内で、いつも誰かの悪口や文句、愚痴を言う

○ 親が、褒め言葉や尊敬の言葉、いい言葉を口にする家庭で育った子は優しく、自信を持ち、他人を認めることができる。

× 親が悪口や文句、愚痴など、悪い言葉ばかり口にする家庭で育った子は自信がなく、他人を認められず、平気で貶《おとし》める子に育つ。

子どもは褒められると喜び、尊敬の言葉を口にする人を慕《した》います。褒め言葉を口にする家庭で育った子どもは自分に優しくて、自信を持ち、向上心があります。また個性的で他人を認めることができ、長所を見つけるのが得意になります。家庭内で、他人の批判や悪口を言わないことです。口にした人の価値を下げてしまうだけ。もちろん尊敬を得られるわけなどありません。また家庭の明るさにも影響します。

そういった家庭で育った子どもは、自信がなく、人の成功を喜ぶことができません。自分が認められるために、他人を蹴落《けお》とすこともいとわなくなります。相手のあら探しをし、貶《おとし》めることで、自分のポジションを得ようとするのです。いじめの心理にも繋がるでしょう。

銀座まるかんの創業者で日本一のお金持ちと言われている斎藤一人さんは、人が他人にきつくあたるのは、自分に劣等感があるからだと述べています。そうすることで劣等感を隠そうとしているのだ、と。そして劣等感は、さらに次なる劣等感を生んでいきます。

マイナスはマイナスを呼び、プラスはプラスを呼びます。嫌なことを考えれば嫌なことを引き寄せ、いいことを考えればいいことを引き寄せます。どちらを引き寄せたいですか?

❖自分の家庭で平和を見出す者が、もっとも幸福な人間である――ゲーテ

15

子どもを伸ばす親は、親の権威《けんい》を手放して、間違ったときは謝り
ダメにする親は「無条件に親は偉い」と親の権威を主張する

○

むやみに親の権威を主張しない。
間違ったときには、子ども相手にも謝る。
自然と子どもから尊敬される。

×

十分な愛情を与えないままに「親は偉い」
「なんでも言うことを聞きなさい！」と
親の権威を主張する。間違えても謝らない。

父さんは
父さんだから
エライの！

「親は偉いものと教える」という考えかたは誤りです。日本には「育ててもらったことをありがたく思え」という考えがありました。実際に大変ありがたいことです。しかしそう思えと言われて思えるものではありません。なかには「親だから」と権威を笠に着て恩義を感じろと押しつけたり、理不尽な接しかたをしたりする親もいるようです。子どもが自発的に感謝や尊敬の念を抱けるような接しかたができているでしょうか。省《かえり》みたいところです。

あたたかさと厳しさのある親子関係ができていなければ、子どもは親に対してありがたいとは思えないでしょう。親はただ親であるだけで尊敬されるものではないのです。

またご褒美を別の事象を理由にやめる、といった、親の権力の乱用もいけません。

それよりも、親が間違ったときに、子ども相手にでも「ごめんなさい」と素直に謝る。そのほうが、子どもにどれだけ敬われることでしょうか。

子どもがそんな親の姿勢をバカにすることは、決してありません。親が等身大の自分になれば、育児もまた変わるでしょう。「親は偉い」のではなく、「偉いと思われる」のです。

❖子どもは子どもとして完成しているのであって、大人の模型ではない―― 寺山修司

16

子どもを伸ばす親は、子どもの目線や表情をよく見てから働きかけ
ダメにする親は「目を見て話しなさい」を、どんな子にも強要する

子どもの目線や表情をよく観察し、その子の特性に合ったコミュニケーションを心がける。無理強《じ》いをしない。

子どもの特性を見ずに、「相手の目を見て話しさない」を強要する。目線を合わせることが絶対いいとは限らない。

相手と目を合わせて話すことで、健全なコミュニケーション能力が養われていきます。ですから、目を見ることは、会話するときの基本として教えるべきです。

しかし実はそれがいいとは限らない場合があります。

子どもたちが失敗したり叱られたりしているときには、目線が下を向いていますよね。こういった目線のときは、内省をしているのです。無理に目線を上げさせて、こちらを見るようにすることはありません。じっと様子を見ましょう。

いっぽう「本当はどうしたかったのかな?」というような本音を引き出す話のときには視線を上げさせるといいでしょう。

また話をするときに目線を上げることによって理解が進むことがほとんどですが、実はなかにはそうでない人がいることもわかっています。それはその人の特性なので待ってあげてください。

話を聞く態度を教えることは大事です。しかし、みなさんや、お子さんのコミュニケーションのタイプを知ること。そして、それに合わせた対応を心がけることは、それ以上に大事です。

基本は、その子の特性ありき。まずよく見てから教えるべきなのです。

♧基本的なしつけは大事ですが、例外に対応できる柔軟性を持ちましょう

17

子どもを伸ばす親は、順番に愛することで、下の子を労《いた》わる心を育て
ダメにする親は「お兄ちゃん、お姉ちゃんなんだから面倒見なさい！」

○

親の愛情を十分に伝えることで、
自然と年下の子の面倒を見るような子に。
きょうだいが生まれたら、上の子優先で接する。

×

「お兄ちゃん、お姉ちゃんなんだから、
下の子の面倒を見なさい！」
子どもを順番に愛さない。上下の差をつける。

下にきょうだいが生まれたときには、親の接しかたにコツが必要です。まず上の子を優先して育てていくこと。どの子も順番に愛することが大事です。下の子が泣いて駆けつけるときにだって、上の子に声をかけましょう。「〇〇くん、赤ちゃんが泣いているから、お母さん、様子を見に行こうかな」。

「お兄ちゃん、お姉ちゃんなんだから、下の子の面倒を見なさい！」は禁句です。

自分が十分に愛されていると実感できれば、下の子が生まれても問題は起きませんし、こちらが言わずとも、自然と下の子をかわいがり、面倒を見るようになります。自分の心が満たされれば、ほかの子どもにもやさしくできるのです。

ところが上の子に愛情をかけているつもりで、必要以上に溺愛《できあい》してしまっている場合。子どもは自分のもらえるものが減らされたと感じます。それで親から見えないところで、下の子をつねるなど意地悪をしてしまうのです。

どの子も順番。上下ではなく順番なのです。ひとりっ子の場合は、家庭内で順序があることを示したり、多くの子どもたちと交わらせて学ばせたりしましょう。

♧子どもは、自分の心が満たされて、はじめて年下の子に優しくできます

18

子どもを伸ばす親は、**なぜ叱られているかがわかる叱りかたをし**
ダメにする親は、**理由を伝えず感情的に叱って、親の権威を乱用する**

○
叱る理由を伝えてから叱る。
子どもにとって納得のいく理由に限る。
叱りかたの方針を持っている。

×
叱る理由を明確にせず、
感情的にガミガミ、くどくど。
イライラして、子どもに当たる。

友だちの目に入るからやめなさい！

叱るという行為は、子どもによくなってもらいたいから行うのであって、親の感情をぶつけるのが目的ではありません。

必要なときに叱るのは大事なこと。ただ、どういうときに叱られるのかを子どもがわかっている必要があります。

私は「わがまま」や「意地悪」「嘘」など、それが心を悪くするというときには叱り、それ以外のことでは叱らないという方針を持っていました。イライラして感情的に言ってしまうこともありましたが、それに気付いたときには、あとで謝るようにしていました。

親がうるさいからと、言われてから行動するのではなく、自主的に物事を進められる子になってほしいですよね？　それも親の叱りかた次第なのです。

たとえば近くに人がいるのに、子どもが棒を振りまわしているとします。「人にケガをさせないか心配したよ」と、具体的に理由を伝えてみませんか？

感情的な叱りかたは、親のイライラの発散や権威の乱用でしかありません。親の顔色が基準となって、子どもから判断力を奪ってしまい、叱る効果はほとんどないと思っていいでしょう。

♧「叱る」という、子どもにとって嫌な行為こそ、筋を通して行いましょう

19

子どもを伸ばす親は、**失敗をとがめず、次に活かせるように導き**

ダメにする親は、**しつこく責め、叱責自体へ怒りや反発を買う**

○

失敗をとがめない。
叱ったときも、次はどうしたらいいのかを
考えさせ、うまいいくよう励ます。

×

子どもの失敗に「なんでそんなことするの！」
いつまでもしつこく責めて、
反省どころか、反発や怒りを買うだけ。

子どもたちは、成長過程でさまざまな失敗を繰り返します。ときには大人から見るととんでもないことをやってくれることも。

そんなとき、ついつい「なんでできないの！」「なんでそんなことするの！」なんて言葉で責めてしまってはいませんか？

あなただってなにかに失敗して「しまったなぁ」と思っているときに、「なんで！」と責められて「なんで失敗するのかなんてわかっていたらやらないよ」「こっちが聞きたいよ」という気持ちになったことがあるのではないでしょうか。ましてや長々と叱られたらどうでしょう。

人間、最初は「悪かった」と思っていても、それをしつこく責められると、そのうち叱られている内容ではなくて、叱られていること自体に注意がいき、相手に対してだんだん怒りや反発心を覚えるようになるものです。なるべく短く、できれば1分で終わらせましょう。

子どもが失敗したときには、気持ちを切り替えて、次はどうしたらいいのかを考えさせましょう。そして「次はうまくいくといいね」と勇気づける。

失敗こそ学びのチャンス。独創性や自発性、チャレンジ精神を伸ばすチャンスです。

❖過ぎたるはなお及ばざるがごとし――論語

20

子どもを伸ばす親は、**外でも家でも笑顔で、子どもに安心感を与え**

ダメにする親は、**外でニコニコ、家でムスッと、外面だけよくする**

○

いつも笑顔で、子どもに安心感を与える。

子どもにとって、太陽のような存在。

外でニコニコ、家でもっとニコニコ！

×

外と家とでころころ態度を変えるため、

子どもは母親の顔色をうかがって行動する。

母親が暗いと、家のなかも暗くなる。

こんにちは
ニコニコ
ごはんよ

お母さんというのは、子どもにとって太陽のような存在です。家庭のなかで母親が暗いと家全体が暗くなります。母親が家族に当り散らすと、子どもは母親の顔色をうかがって行動するようになります。「妻は、外ではニコニコと明るく社交的なのに、家に帰るとたんに表情がなくなる」。そんなお父さんの声を聞くこともあります。

外で愛想をふりまき、よく思われようとすること自体は、なんら悪いことではありません。しかし表面だけを取り繕《つくろ》えばそれでいいのでしょうか。

お母さんがいつもニコニコしているだけで、子どもにどれだけ安心感を与えられることでしょうか。その影響ははかりしれません。子どもにとって、母親の影響は絶大。母親の与えてくれる安心感が、お子さんの独立心や思いやり、おおらかな心を育てます。

笑顔には心を楽しくする力があります。自然と笑顔でいられる練習をしましょう。

私たちは、かならず子どもより早く年老いて、シワが増えていきます。いずれはおじいちゃん、おばあちゃんになるでしょう。イライラジワを増やすか、笑いジワを増やすか。素敵な年寄りになりたいものです。

♧外でニコニコ、家でもっとニコニコ。自分の機嫌は自分でとりましょう

21

子どもを伸ばす親は、夫婦の会話を大切に、笑いのある家庭を築き
ダメにする親は、報連相《ほうれんそう》もない夫婦で、子どもは希望なく育つ

○ 子どもの園や学校での話を夫婦で共有する。良好な夫婦関係を保ち、笑顔でいることで、子どもの情緒も安定し、希望を持って育つ。

× 忙しいからと、夫婦の会話や笑顔、笑いがない。報告、連絡、相談をしない。家庭を明るくする工夫や努力をしない。

「ただいま、今日はどうだった?」と、その日の出来事を夫婦で共有しましょう。お互いの不在時の報告、連絡、相談は夫婦の義務。先生から聞いた子どもの話でもかまいません。

お父さんがたの話を聞くと、こんな声が聞こえてきます。「自分がいないあいだ、子どもを育ててもらっているから、多少のことには目をつぶる」「話をすると、愚痴ばかり」「意見を言うと、腹を立てられる」「子どもと一緒にいてもどうしていいかわからない」……だんだん夫婦の会話がなくなって「いつの間にか、俺もただの〝親父〟だよ」なんて自嘲《じちょう》気味に口にするお父さんも。

子どもが笑顔になれるよう意識を向けられるお父さん、お母さんは多いですが、子どものみならず、ご家庭のなか、みなさんで笑顔になられたらどうでしょう。

明るい家庭が、子どもの情緒を安定させます。子どもが将来に希望を持って成長するためにも、夫婦関係を含め、家庭を明るくする方法を話し合ってほしいと思います。

楽しい話題やいいことを見つけるのは、コツさえつかめばできること。つまり笑いのある家庭は、誰にでも簡単に実践できるのです。

❖笑う門には福来《きた》る——日本のことわざ

22

子どもを伸ばす親は、子どもの友だちを平等に歓迎し
ダメにする親は「あの子と遊んじゃダメ」「友だちを連れてこないで」

「いらっしゃい。よくきたね」

子どもの友だちを迎え入れる。

そんな親を、子どもは尊敬する。


「うちにはお友だちを連れてこないで」

「○○ちゃんと遊んじゃダメ」

子どもの友だちを歓迎しない。差別する。

幼稚園や小学校に上がると、子ども同士で約束して、家に友だちを連れてくるようになります。そんなとき、どのような対応をしていますか？　片付いていないから、汚されるからと「うちには連れてこないで」なんて言っていませんか？　子どもを傷つける言葉です。お子さんの友だちの顔や名前が何人わかりますか？　隠れてこそこそと親のいない家に行ってほしいですか？

友人を歓迎し、受け入れてくれる親を子どもは尊敬します。特別な接待などしなくてもいいのです。「よくきたね」と声をかけてやれば十分です。歓迎の気持ちを言葉で伝えましょう。きていた友だちについてなど、あとで子どもと話す共通の話題もできます。

子どもから、誰それの家に行ったと聞いたら、お礼の電話をかけましょう。もし子どもたちが集まって悪いことをしていたら、しっかり叱ること。怖いおばちゃん、おじちゃんでもいいのです。「おまえんちの親はうるさいからな」には、尊敬や羨望《せんぼう》も入っているのですよ。難しく考えることはありません。

もちろん「○○ちゃんと遊んじゃダメ」は禁句ですよ！

❖その子を知らざれば、その友を見よ——荀子

23

子どもを伸ばす親は、質問を具体的にすることで、答えやすくし
ダメにする親は「今日、なにがあったの？」と漠然《ばくぜん》と聞く

〇 具体的に場面や状況、場所などを絞《しぼ》って聞く。
子どもが答えやすい質問のしかたをする。
話しやすいよう促し、会話力をつける。

✕ 「今日、なにがあったの？」
漠然とした質問に、子どもは答えられない。
答えられないからと、イライラして怒る。

お昼ごはんはなにを食べたの？
えーっとー

「今日、なにがあったの?」。学校や園での出来事を聞くのに、このように投げかけるお母さんがよくいます。しかし漠然とした聞きかたでは、子どもには答えにくいです。

そう聞かれると、その日にあった出来事がめまぐるしく頭のなかに浮かんできてしまい、なにから話していいのかわからなくなるのです。そして説明するのが面倒になり、「べつに」「ふつう」と答える。幼児の場合、「えーと、えーっと」と言葉につまりますし、「滑り台で遊んでいたの。そしたら先生が飲み物をこぼしちゃったの。そしてお友だちが泣いてたよ」と話もどんどん飛びます。親としては不安になったり、心配になるかもしれません。実際に相談を多くうけることの1つです。

子どもには具体的に聞く必要があるのです。

「園庭でなにをして遊んだの?」と、場面や状況、場所などを絞ったり、「お昼はなにを食べたの?」と具体的な聞きかたにします。すると答えやすくなる。それでも答えにくそうであれば、さらに絞って、より具体的に聞く。答えてくれたことに相づちを打ち、話を促す。

これを繰り返すうちに、子どもは順序立てて話せるようになります。

♧ 聞きかたにもコツがあるのです。返しやすい球を投げてあげましょう

24

子どもを伸ばす親は、子どもの目線や立場になって、意外な発見をし
ダメにする親は、ぐずる子どもを叱ったり放っておいたりするだけ

子どもの目線や立場になってみることで、理解を深めたり、意外な発見をしたり。楽しみながら子どもへの対応のヒントを得る。

大人の目線でしか見ない。よく子どもを見ずに、不機嫌な子どもを叱ったり放っておいたりする。

あら！ネコちゃんがかくれてたのね

あるお母さんが、子どもを動物園に連れて行きました。手を繋《つな》いで歩きながら、親も楽しんでいるのですが、肝心の子どもはどうも浮かない顔。やがてぐずりはじめました。いったいどうしたのでしょう。お母さんが、その子に声をかけようとしゃがんだ瞬間。やっと原因がわかりました。子どもには、塀《へい》で動物が見えなかったのです。

こういったことは、日常のなかでも起こりえます。ときにはハイハイする子どもの目線、スーパーなどでの子どもの目線にしゃがんでみてください。

その子の見える世界がわかると、どんなことに子どもが興味を持つかが見えてきます。そうすれば、子どもへの対応もおのずと変わってくるのではないでしょうか。

大人の目線から見下ろすのではなく、子どもの身になる。日頃疑問に思っている「なんでこんなことをするんだろう？」の意外な答えを発見できるかもしれません。

すると、子どもをより理解することができます。自分の発した言葉や態度がどう伝わったかを考えたり、好奇心を育てたりするヒントを得られるでしょう。育児をする上で、とても楽しく重要なヒントとなるはずです。視点を変える。そんなことも楽しんでください。

♧ 子どもの目線に戻ることを楽しみましょう！

25

子どもを伸ばす親は、**喋りながらでも子どもの遊ぶ様子に気を配り**
ダメにする親は、**よく様子を見ずに、子ども同士の問題に介入する**

○
お喋りをしながらでも、
子どもの様子を見て褒める。
問題が起こっても、適度に見守る。

×
問題が起こって、その場を収めるために叱る。
「なにやってるの！」「帰るわよ！」
問題解決能力が育たず、劣等感を持つ子に。

公園で遊んでいる子どもたち。親は安心してお喋りに夢中。突然、泣き声が聞こえる。見ると、なにかを取り合い泣かし泣かされている。慌てて駆けつける母親たち。「なにやってるの！」「仲良くしなきゃダメじゃない！」叱って、その場を収めてしまいます。

でもね、よくよく考えてみてください。それまでの様子を見ていましたか？　子どもたちは楽しそうに遊んでいたのではないですか？　「仲良く遊べているね。お母さんは嬉しいな」「お友だちに貸してあげられて、優しい子ね」と褒めてあげていましたか？

お喋りも、お子さんの様子を見ながらにしましょう。そして取り合いやつかみ合いがあっても、危険がないように気をつけながら知らんふりをしたっていいのです。数分後には、また仲良く遊びはじめるのも子ども。泣かしたり泣かされたりは前兆もありますし、子どもの様子をよく見ていればわかるはず。まず子どもたちのいい状態に気付くことです。

子ども同士のことに、なんでも親が介入してしまっていては、問題解決の能力を育てるチャンスを奪うことになります。また介入のしかたによっては「自分はいけない子」という劣等感をも育ててしまいかねません。子どもの様子をよく見ることです。

♧問題解決能力を育てるには、適度に見守ることが必要です

26

子どもを伸ばす親は、十分甘えさせて安心感を与え、信頼関係を築き

ダメにする親は、信頼関係を築けず、子どもの自信が育たない

○

甘やかすのではなく、甘えさせることで、安心感を与え、信頼関係を築く。子どもの自信や学ぶ力、自立心も育つ。

×

十分に甘えさせない。甘えさせることと、甘やかすことを混同する。家庭が、安心できる場になっていない。

甘やかすことと、甘えさせることは違います。

お子さんは、あなたに甘えてくることができますか？　あなたの前で安心感を持っていますか？　子どものほうから話しかけてきますか？　親の前で失敗しても、萎縮《いしゅく》せず、受け入れられていると感じているでしょうか？　受容されている実感を持てていますか？

親に十分に甘えることができる子どもは、情緒が安定しています。安心感を育てると、自信がつき、自立していくことのできる子になります。子どもたちが将来の人間関係をどのように築くのかは、いまの家庭がモデル。家庭が安心できる場であることが大事です。

表面的な「素直でいい子」とは違います。素直に自分を表現できるかどうか。心を開いた子どもたちは、学ぶ力も高く育ちます。

そのためには、まずスキンシップや会話を多くするように心がけましょう。

甘えられるよう育てることは、子どもの親に対する信頼感を育てていくことにもなります。

この信頼感こそが、私たち親にとっての最高の権威となるのではないでしょうか。

甘やかさず、甘えられる関係を作りましょう。

♧ 子どもからの「信頼感」こそが、親にとって最高の権威です

27

子どもを伸ばす親は、愛の言葉と抱きしめで、安心感と自信を養い
ダメにする親は、家庭に不安を感じさせ、問題行動の原因となる

物質的なものではなく、
愛情のこもった言葉と抱きしめで安心を与える。
存在を肯定することで、自信を養う。

子どもを認め、愛情を注ぐことができない。
子どもの反抗的な態度やイライラは、
愛情不足と不安の表れ。

○○ちゃんだ〜い好き！お母さんの宝物だよ♡
ぎゅ〜〜〜

♧自信のなさと親からの愛情は繋がっています

私たち大人も自信のなさを抱えることがあります。

自信は、幼児期に受け入れられている、愛されているという「存在に対する安心感」を得ることにより生まれるものです。愛情を十分に感じて育った子は、情緒が安定し、人に優しくできます。乳幼児期からしっかりと愛情が伝わるようにしましょう。

大切なのは物質的なものではなく、愛情を伝える言葉と抱きしめです。

子どもたちの行動範囲は、一番安心できるところ、つまり家庭から広がっていきます。園や学校へ行くようになると、安心感が思考を柔軟にし、振る舞いをのびのびとさせます。学ぶ意欲もわき、周囲の人を大切にしていきます。

不安感があると、落ち着かず、イライラして反抗的になったり、弱いものいじめをしたりと問題行動に出がちです。子どもの問題行動は、親の愛を求めてはじまることが多くあるのです。大人は愛情をたっぷりと注ぎ、安心感を育ててやる必要があります。

成長してから、愛を頭で考えて理解し、自分のものとするのは難しいのです。

ご家庭が安心感のある場所になっていますか。

28

子どもを伸ばす親は、子どもが聞かれた質問は本人に答えさせ
ダメにする親は、勝手に答えて、子どもから返事を奪う

○
答えるのに時間がかかっても
子どもに答えさせる。
答えられるまで待つことができる。

×
子どもが聞かれている質問に答えたり、
すぐに答えられないからといって
「そんなことも答えられないの?」と叱る。

3才です
恥ずかしがり屋で困ってー

「お名前はなんていうの?」と子どもに聞くと、傍らにいる母親が「いけえとしひろって言うんです」。子どもは陰に隠れ、こちらを見つめてもじもじしています。「そう、どんな食べ物が好きなの」「納豆が好きなんですよ。まったくこの子は恥ずかしがり屋でね」……すべて親が答えてしまう。子どもは自ら答えるチャンスを失います。代わりに答えられて嬉しそうな子はいません。そう、もじもじしながらも答えようとしていたのです。なかには「こんなことぐらい、ちゃんと答えなさい」と叱ってしまう親御さんも。

これでは「お母さんは、あなたが答えられると思っていませんよ」というメッセージをお子さんに送っていることになります。そしてお子さんは「自分で答えなくても、お母さんがやってくれる」「お母さんは、私のことを能力のない人間だと思っている」というメッセージを受け取ってしまう。「恥ずかしがり屋」という暗示もかけています。

親は待てなくてはいけません。プレッシャーをかける必要はなく、見守ってあげたらいいのです。「こう答えるのよ」と教えるのもいいでしょう。社会性を育てる機会を奪わないことです。

実のところ、母親がいないところでは元気に答えてくれる子どもがほとんどですよ。

お子さんに対する質問は、あなたへの質問ではありません

29

子どもを伸ばす親は「のどが渇《かわ》いたから水がほしい」と言うのを待ち
ダメにする親は、なんでも察してやりすぎて成長の機会を奪う

○

「暑そうだからお水ね」と出してあげたいところで、ぐっと我慢。
子どもが言葉で伝えられるよう導く。

×

勝手に判断して、水を出してあげる。
子どもが言わなくても察してあげなければとなんでも先まわりをする。

夏に子どもが「暑ーい！」と汗だくになって帰ってきたら、「はい、お水」と出してあげたくなるでしょう。でも待ってください。たまには言葉で意思を伝える、練習の場にしましょう。

親「そう、暑かったんだ！」。まずは、共感を示してください。
子「うん、のどが渇いちゃった」 親「そう、のどが渇いたの」
子「うん、なにか飲みたい」 親「そう、なにがいい？」
子「お水」 親「はい、どうぞ」

もし帰ってきていきなり「水！」と言われたら。いつも状況を察知して、さっとコップにお水を入れて差し出すお母さんも、ちょっと待って。ときには花瓶に入れた水や、バケツに入れた水を出すぐらいのことをして笑わせたり、びっくりさせたりしてください。決して意地悪をするわけではありません。こうすると「のどが渇いたから、水をください」と言葉を適切に使うことを、ゲームを楽しむように学ぶことができるのです。

子どもが親にわかってもらえていることは大切ですが、過度な先まわりは成長の機会を奪うことになります。手間はかかりますが、子どもは一度学べばできるようになりますよ。

子育ては先に手をかけること。するとあとが大変ではなくなっていくのです

30

子どもを伸ばす親は、上着を着るかどうか、子どもに判断させ
ダメにする親は、状況を見ずに「寒いから着なさい」を強要する

「寒くなったら着るんだよ」と
上着を渡すに留める。
着るかどうかの判断は、子どもに委《ゆだ》ねる。

子どもが暑いと言っているのに、
無理やり上着を着せる。
親の感覚を子どもに押しつける。

寒い季節。室内で汗だくになって遊んでいる子どもたち。帰るときに親が「寒いんだから上着を着なさい」と声をかけます。嫌がる子ども。「寒いから着なさい」「いや」を繰り返した末、「まったく言うことを聞かないんだから、着なさい！」と叱られています。

そう、子どもは寒くないんです。そこに気付いてください。これでは、子どもは自分の状況をわかってもらえていませんし、さらに「聞きわけのない子」という暗示をかけられています。

「いまは暑いね。外に出ると寒くなるかもしれないから、寒くなったら着るんだよ」と着るものを渡しておけば十分なのです。

すると、子どもは自分の状況を受け入れてもらえることで、親が自分のことを見てくれていると感じます。その上で自分で判断するという教えになっています。

たとえお子さんが寒くて失敗したと思っても、それは本人が判断した結果です。感覚まで親が判断し、決めつけ、押しつけていては、大きくなってから困ります。いきなり自分で判断しなさいと言われても、どうしていいかわからなくなるでしょう。

子どもは失敗を繰り返しながら、自分で判断できるように育っていくのです。

子どもは失敗しながらコントロールを学び、判断力をつけていきます

31

子どもを伸ばす親は、言いたいことはぐっと我慢し共感して褒め
ダメにする親は、余計な一言で、子どものやる気を失わせる

〇

共感して勇気づけをする。
言いたいことがあってもぐっとこらえて、
子どもの返事を待つ。

×

子どもに共感し、褒めるべきところで
「やればできるじゃない」
「だから言ったでしょう」

子どもが95点のテストを嬉しそうに持ってきました。「ママ、見て！　テスト、95点だったよ！」。あなたなら、どんな言葉を返しますか？

対応1「あら、こんな簡単なところを間違えたの。ちゃんと見直せば100点だったね」

対応2「あら、そんないい点数を取ったからって調子に乗るんじゃないわよ」

対応3「ふーん」（のあと無言）

対応4「やればできるのよ。だから勉強しなさいって言ったでしょ。明日も頑張るのよ」

さて、どれがいい対応でしょう？　対応1、2、3は、まったく共感していませんね。対応4はやりがちですが、子どものやる気を失わせるには十分です。

では、どうしたらいいのでしょう。「わあ、やったね。嬉しそうね！」「〇〇くんとしてはどうだったかな？」。これだけでいいのです。そして、子どもの次の言葉を待つのです。

子「うん、次もできたらいいな」。親「そうね、できたらいいね。頑張ってね！」。

共感して、前に向く気持ちを引き出し、勇気づけてやることで、ぐんと心を成長させていくことができます。

♧共感を示したら、自分の言いたいことをぐっとこらえて待ってみましょう

32

子どもを伸ばす親は「なんで」に根気よく付き合って好奇心を伸ばし
ダメにする親は「うるさいわね」で、学習意欲の低い子に育てる

○
「なんで？」に根気よく付き合う。
好奇心が満たされる喜びを知ると、
「勉強しなさい」と言う必要もなくなる。

×
なんでなんでと聞いてくる子どもに、
「うるさいわね！」「さっきも言ったでしょ」
好奇心の芽を潰《つぶ》され、学習意欲の低い子に。

なんで車って動くの？
わからないから一緒に調べよう
ポン

子どもが「なんでちゃん」に変わる時期があります。そもそも好奇心は赤ちゃんのころから芽生えており、見て触って舐《な》めてと五感を通して学習をします。やがて言葉が育ち、その好奇心が「なんで?」「どうして?」という言動となって現れるのです。

子どもの疑問には、極力向き合って答えてあげましょう。わからないときには「お母さんもわからないから、一緒に調べよう」と対応してください。おなじ質問を繰り返し聞かれても根気よく答えてあげましょう。子どもの好奇心を伸ばす絶好の機会です。知的好奇心を満たす喜びを学べば、それは一生の財産になります。好奇心とは「興味を持ちなさい!」と言われて持てるものではありません。親が伸ばしてあげることが大切です。

子どもが意外なことを知っていたときは、「お母さんは知らなかったなあ」など、その知識や経験を認めて褒めてあげると、自ら意欲的に学ぶようになるでしょう。大きくなってから、学習意欲がなく「勉強しなさい」と言われていやいややるようになるのは、気がつかないうちに、その芽を潰してしまったからなのです。勉強とは、本来なにかの役に立つからやるのではなく、楽しいからやるもの。子どもの「なぜ?」「どうして?」に向き合い、答えてあげてください。

❖どんな子どもでも、千人の賢者が答えられないような質問をする――トルストイ

33

子どもを伸ばす親は、親の柔軟な対応次第で反抗期はないものと考え
ダメにする親は、子どものイヤイヤにまともに振りまわされる

子どものイヤイヤを自我の表れととらえ、ひとつのゲームとして楽しみながら付き合う。表面的なことに左右されず、柔軟に対応する。

子どもの「イヤ」を、むきになって叱る。自我の表れを喜ぶことができず、「反抗期」に悩まされる。

子どもが「イヤ」を連発する時期があります。

第一反抗期などと言いますが、私は「反抗期」という時期はないと考えています。子どもに自我が芽生えた証《あかし》ですから、喜んでいいことです。

親は、それまで素直に「ハイ」と従っていた子の急変に戸惑ってしまうのですね。

そうしたときに、わが家の3人の子どもたちへやった方法をご紹介しましょう。これをひとつのゲームだと考えていました。たとえば、お風呂。

「お風呂に入りなさい」「イヤ！」

「そう、嫌なんだ。じゃあお風呂に入らないでね」「いや、入る！」（お風呂場へ）

「お洋服も自分で脱がないでね」「いや、自分で脱ぐ」（脱ぎ始める）

「すぐに脱がないでね」「いや、すぐに脱ぐ」（さっさと脱いでお風呂場へ）……こんな感じでどちらもニコニコです。褒めてあげるところも、たくさんできますね。すかさず褒めてあげましょう。

いかがでしょうか？　どうしたらうまくいったか、ぜひご報告をお聞きしたいです。

♧子どもへの柔軟な対応がわかれば、「反抗期」という期間はありません

34

子どもを伸ばす親は、おもちゃを工夫して手作りし、一緒に楽しみ
ダメにする親は、既製品のおもちゃしか与えない

○
既製品のおもちゃを与えるばかりでなく、
手作りおもちゃも与える。
作る過程も、子どもと一緒に楽しむ。

×
買ったおもちゃしか与えず、
身近なものをおもちゃにする工夫をしない。
おもちゃ作りは共通の発見をするいい機会。

たまには手作りおもちゃにチャレンジしてはいかがでしょう？　楽しく、そして安い。インターネットなどでも、たくさんの工作が紹介されています。自分が作ったもので遊んでいるわが子を見る喜びも、また格別ですよ。

上手に作ろうと思うことはありません。まずは身近な材料を使って、なんでもいいのでひとつ作ってみましょう。だんだん上達していきますし、壊れてもすぐに作り直せるのも手作りのよさでしょうか。買ってきたものでは、なかなかそうはいきません。牛乳パックやペットボトルなど、工作に必要なものは、簡単に手に入ります。

お父さん、お母さんが、お子さんと一緒に楽しみながら作ることで、共通の発見をしたり、共感をしたりすることもできます。子どもたちの好奇心も育まれ、仕組みや原理に興味を持つ子もいるでしょう。てこの原理など、紙の上で学ぶよりも、手作りおもちゃを通して学んだほうが身につきます。手先も鍛《きた》えられますね。また自分で作ると愛着が湧き、物を大切にする気持ちが芽生えるでしょう。リサイクル意識も高められますね。高価なおもちゃを買い与えるより、長くお気に入りになりもするものですよ。

♧ 手作りおもちゃなら、作る過程も、子どもと一緒に楽しめます

35

子どもを伸ばす親は、ゲームをするなら、親子や家族と一緒にさせ
ダメにする親は、与えっぱなしにして、ゲームにすべてを任せる

○

対人間の遊びを大切にする。

ゲームをするのならば、時間を決めて、親子や家族で一緒にやる。

×

「ゲームをさせていれば、自分の仕事ができる」「外で遊ばせるのは見てないと危険だから」とゲームにすべてを任せっぱなしにする。

対人関係が希薄でコミュニケーション能力が育っていない若者が増えていると言われています。私たち、親もそうです。子どもとうまく接することができない、言葉のかけかたがわからない。なにをして遊んでやったらいいのかわからない。

「みんなが持っているから」と、子どもにせがまれ言われるままゲームを与える親が増えているようです。そして子どもたちは友だちの家に行っても黙々と画面を見つめる。脳を活性化させるゲームなどというのもありますが、それはすでに脳が育った大人が遊ぶもの。おなじことであれば、電子ゲームでなく、対人間のゲームをするべきなのです。

子どもと一緒になって遊びましょうよ。言葉を交わします。身体の動きを見ます。表情を読みます。考えをめぐらせます。ルールを守ることを学びます。人を褒めたり、褒められたりします。これらがコミュニケーション能力を育てるのです。

子どもの人格形成において、大切な時期。与えっぱなしは、電子ゲームに、大切な子どもの心の成長を期待するのとおなじです。もしどうしてもというなら、親子や家族で一緒にやってください。子どもは目の前のことだけから学んでいるのではないのです。

♧ 与えっぱなしは、ゲームに大切な子どもの心の教育を期待するのとおなじです

36

子どもを伸ばす親は、感情表現を豊かにする言葉をかけ
ダメにする親は、語りかけを大事にしない

○

子どもに豊かな語りかけをする。

子どもはたくさん言葉を持つことで、感情表現を豊かにし、好奇心や知能も高く育つ。

×

あまり語りかけない。

知能や情緒、好奇心や知的発達などに、大きく差が出る。

おなかのなかにいるときから、お子さんに豊かに言葉をかけてください。子どもにとって、より多くの言葉を持つということは、その組み合わせが増えるということ。言葉を多く持っている子は知能が高く育ち、情緒も安定しています。また知的好奇心が高いときに、うまく言語能力を育てられると、絵本読みも自分でできるようになっていきます。

すると知識が知識を生んで、加速度的に賢い子に育っていきます。多く語りかけられているお子さんと、そうでないお子さんとでは、知的発達に差が出るのです。

言葉の入力教材として、フラッシュカードがあります。コツは、一度にひとつのことを教える。事実を教える。リズミカルに大量に高速で教える。嫌がる前にやめる。結果を求めないなど。教具がなくても「これは電話だよ」「靴だよ」。散歩のときに「お花がきれいだね、嬉しいな」などと、目にするものや思ったことを、どんどん話しかけてあげてください。

子どもはその言葉を耳にして、感性をも育んでいくのです。嬉しい、楽しい、ステキ、幸せだなど、感情表現を豊かにする言葉をたくさんかけてあげるといいですね。

❖教育は母の膝《ひざ》にはじまり、幼年時代に伝え聞くすべての言葉が、性格を形成する——イギリスのことわざ

37

子どもを伸ばす親は、**自然な語りかけを大切にし**

ダメにする親は、**赤ちゃん言葉や幼児語にこだわる**

○

「車がきたよ」「おいしいね」

普段の話し言葉や、自然な幼児語でたくさん話しかける。

×

「車がちたよ」「おいちいね」

発声機能が未熟で出ているだけの赤ちゃん言葉を大人が使う。からかう。

小さな子どもに話しかけるときに、赤ちゃん言葉を使う大人をよく見かけます。しかし子どもは、単に発声器官が未熟なために「幼児語」になるだけで、赤ちゃん言葉でないと理解できないわけではありません。また大人が考える以上に、周囲の会話を理解しています。ですから、大人が赤ちゃん言葉を使うことは、子どもにとってはあまり意味がないと思っていいでしょう。普通の言葉で話してあげれば十分に伝わります。

また赤ちゃん言葉を使ったか否かで、言葉の習得に差が出ることはありません。情緒が安定するか否かにも、あまり影響はありません。

ただし自然になっているのではなく、大人が教えている赤ちゃん言葉もありますね。「車」は「車」でも「ブーブー」でもよいでしょうが、「きたよ」を「ちたよ」と教えることはないでしょう。

赤ちゃん言葉や幼児語は使っても使わなくてもかまいませんが、なによりもたくさん話しかけてあげることが大切です。

❖生まれ持った性質に大差はない。生まれてから身についたことで、人は隔《へだ》たっていく――論語

38

子どもを伸ばす親は、積極的に集団生活で社会を学ばせ
ダメにする親は、個人主義と自分勝手をはき違えて、集団を軽んじる

個人主義＝自分勝手ではなく、集団生活で学べることを大切にする。力を合わせる喜びを味わわせる。

「個人の力があれば、集団生活なんて必要ないんじゃないの？」個人主義の意味をはき違える。

社会生活はひとりではできません。ふたり以上で社会が成立し、そこにルールが発生します。社会生活は、お互いの足りないところを補《おぎな》い合って成り立っています。

その学びのはじまりは家庭。そして園や学校生活などで、さらに学びを広げていくのです。「助けてもらおう」ではなく、お互いに努力し、助け合う。そんな心をかつての子どもたちは遊びのなかで学ぶことができました。友だちを大切にする知恵も育っていました。足の速い者、ボール投げが上手い者、知恵がある者。みなそれぞれ長所短所を認めて遊んだものです。

残念ながら、そういった遊びの環境は減っています。スポーツなど、ひとつの目標に向かって、集団で力を合わせるものをひとつはやってほしいと思います。

ひとりひとりの力は弱くても、力を結集することで大きな力を発揮できるということを学べるでしょう。仲間を信じ、助け合い、友を得て、絆を深めることができます。「個人主義」は自分勝手という意味ではなく、個性を活かし、周囲を認め助け合い、ともに生きていくことだと思います。

そしてその力は、まずは家庭から学びはじめるものなのです。

♧ 個人の力は、集団に生きてこそ養われるものです

39

子どもを伸ばす親は、少しでもできたら、いいところを褒め
ダメにする親は「完全主義」で最後まで完璧であることを求める

○

少しでもできたら、いいところを褒める。

不完全主義で育てる。

子どもは意欲を喚起《かんき》される。

×

「最後まできちんとやらないとダメ」

「完璧じゃないと褒めない」

完全主義で育てる。

たたんだよ!
なんかぐちゃぐちゃね…

子どもになにかをさせるとき、きっちり最後までできることを望み、うまくいかないと叱るお母さん。やきもきする気持ちはわかりますが、取り組みと考えず、遊びとしてとらえてみてください。

たとえば積み木を5個積みましょうというとき。まずやってしまうのが、ほかのお子さんとの比較。「○○ちゃんはできたよ」。こんな言葉をかけていませんか？ ほかのお子さんはまったく関係ないのです。それならお母さんが楽しそうにやって「わあ、高くなったなぁ」と見せておけばいい。

ずれていても、3個積めただけでも褒めてあげてください。最終的には最後までやり遂げることを目標にしたとしても、いきなり完璧を求めず、少しでもできたらいいところを褒めましょう。お手伝いもそうです。少しでもできたら、いいところを褒める。子どもはそれに励まされ、次はもう少しやるようになるでしょう。

完全主義はマイナスの見かたをするもと。不完全主義ぐらいでちょうどいいのです。

❖親は子どもに基準を作って見てしまい、そしてその基準が高すぎるのです。不完全でもよろしいという気持ちを持ってください――七田 眞

40

子どもを伸ばす親は、育児に「ねばならない」はないと考え
ダメにする親は、自分の軸がなくマニュアルや情報に振りまわされる

○ どのような子に育ってほしいかを、まず考え、育児書以外の本を読んで、まわりに振りまわされない自分の軸を持つ。

× 「5歳の子なら、これくらいできなければ」「母親はこうあらねば」マニュアルや情報に振りまわされてしまう。

やり抜く力をもった子になってほしいな
5才の子は…あれもこれもできないと！大変!!
育児書
育児書

教育を考えると、ああしなくては、こうしなくてはと思いがちですが、育児書に頼るよりも、自分に備わっている力を信じてください。育児に「ねばならない」はないのです。

育児書やマスコミの情報などは、ひとつの判断材料でしかありません。しかし、実際には必要以上に振りまわされてしまっていませんか？

では、振りまわされないためにはどうすればいいか。それは親が子どもにどんな人間になってほしいか、指針を持って子育てをすることだと思います。自分に自信がないから振りまわされてしまう。知識をつけるよりも、自分がどう生きていくかを考えることです。

そのためには、育児書よりも、自分を高める自己啓発書などを読むことをお勧めします。人間を成長させ、自分の判断基準を作る助けになる本です。育児書やマスコミの情報は、確固たる自分の判断基準ができてからはじめて参考にしたらいいのです。ひとりひとり違った人間を育てるのにマニュアルがあることを疑ってみたことはありますか？

指針を求めるのはよいことですが、「ねばならない」は育児を苦しいものにしかねません。余裕を持つためにも、成長を楽しむ心を持ち、本を読みましょう。

♧ 育児に「ねばならない」はありません。ブレない自分の軸を持ちましょう

わが子がいじめや仲間はずれにあったときには

いじめたりいじめられたりといった「いじめ」という言葉。子どもの世界では、おもちゃを取ったり取られたりは日常茶飯事。しかしそんなことでも、親としてはやきもきすることもあるのではないでしょうか。

私たちは「いじめ」という言葉にさまざまなことを集約しすぎて、この問題を難しくしているのではないかと思います。

以前、子どもの同級生である女の子のお父さんから「うちの子がお宅のお子さんにいじめられていると言っている。自分の子どもの言葉だけでは状況がわからないから、確認をしてくれ」という電話を頂戴したことがあります。

それとなくわが子に確認してみると「前は一緒によく遊んでいたけど、いまはほかの男の子と違う遊びをしていて、女の子とはあんまり遊んでいないよ」とのことでした。子ども同士のすれ違いだったわけですね。

相手のお父さんに伝えると「なんだ、そうでしたか。ありがとうございます。これからもよろしく」と話が終わりました。

このお父さんの素敵だなと思ったところは、きちんと事実確認をしようと、相手に対してコミュニケーションをされたことです。

問題を複雑化する親は、トラブルがあると、まずどちらが悪いのかを考えます。

いっぽう問題を解決できる親は、トラブルがあると、まずなにが起きたのか、子どもたちが本当はどうしたかったのかを考える習慣があります。

言葉が持つイメージは、大人でも子どもでも人それぞれです。「いじめ」という言葉もしかり。また言葉は、私たちの思考の柔軟性にも影響を与えます。ですから、自分の世界だけで反応するのではなく、まず具体的になにが起こっているのかを知る必要があります。

安易な言葉の使用は、私たちの思考の柔軟性を奪い、対応力を下げてしまいます。大人が表現力の豊かな人になることで、子どもにも多くの力を与えます。言葉を増やすために子どものころからの読書習慣などは大切だと感じます。

いじめという課題は、あまりに多くのことを含んでしまい、複雑に絡《から》んでしまいました。言葉の持つ意味をもっと切りわけて考え、対応していく必要があると考えます。

また人間関係とは、必ず当人と他者とがあるもの。双方が相手を理解しようという心を持ち、コミュニケーションしなければ難しいものになってしまうのではないでしょうか。

第 2 章

しつけ・ルールを身につけさせる親の30の習慣

41

子どもを伸ばす親は、小さなうちから家庭のルールを定めてしつけ
ダメにする親は、ルールなんて大きくなってからで大丈夫と考える

家庭のルールを作り、守らせることで、
聞きわけのよい
社会のルールを守れる子に育てる。

家庭のルールなんて、
小さいからまだ必要ない。
大きくなってからで大丈夫、と考える。

ご家庭のなかにルールを定めていますか？　家訓のようなものがあれば、それでいいでしょうし、そこまで改まって考える必要もありません。不文律でもかまいません。子どもの教育方針について、筋を通してはっきりと考えていただきたいのです。

ルールを守れない大人が増えています。子どものころから精神面のしつけ教育を受けなかったのでしょうか。幼いうちから我慢を教えることは、自律心へと繋がります。

ルールを作るというのは、子どもに対して示して見せる規範のようなものかもしれません。

子どもは言われたように育つのではなく、育てられたように育つのです。

まずは家庭という社会生活の最小単位のなかでしつけていくこと。

家庭内にルールがあると、一見自由奔放に遊んでいる子どもでも、親や年長者の声にすぐ反応し、聞きわけよく行動する能力が育ちます。そういった子どもは学ぶ力も高く、物事をどんどん吸収していきます。

心のしつけの教育は、小さければ小さいほどよく身につきます。大きくなってからでいいと考えていたら、先々大変なのです。いまのままで大丈夫ですか？

♧子どもは言われたように育つのではなく「育てられたように育つ」のです

42

子どもを伸ばす親は、一時に一事で教え、まずひとつできるのを待ち
ダメにする親は、矢継《やつ》ぎ早《ばや》に指示をして、子どもの自信を損《そこ》ねる

○ 一時に一事で伝え、ひとつできるのを待ち、できたら褒めてから、次の指示を出す。それから時間短縮ができるようにしていく。

× 「洋服をしまいなさい」「かばんを掛けなさい」いっぺんに複数のことを言ったり矢継ぎ早に指示を出したりして混乱させる。

「お洋服をしまおうね」。子どもがしまっている最中に「靴が脱ぎっぱなし！」。慌てて玄関に行く子どもの背中に「かばんを掛けなさい！　おもちゃをしまいなさい！」。矢継ぎ早に指示を出してしまう親。次には「まだ洋服をしまっていない！」。ダメ押しに「だらしない！　片付けもできないんだから」。イライラが募《つの》って手が出てしまうことも。

子どもは、大人の剣幕《けんまく》にあたふた、おろおろ。そして「散らかったままの結果」と、親の機嫌を損ねたことに、無力感を感じる。思考が止まってしまうのです。そこへダメ押しの「暗示」。……まさに「できない子」になるように育ててしまっている状態です。

こんなことを続けていると、子どもは集中力をなくし、自分はダメな人間なのだと感じて自信をなくしてしまうでしょう。消極的な指示待ち人間になってしまいます。

まずひとつのことができるのを待ちましょう。できたら褒めて、次のことをさせましょう。そしてだんだんひとつのことをやる時間を短縮していく遊びをすればいいのです。

まず一時に一事で教える、伝える。そして待つゆとりを持つ。ひとつの物事を確実にできるようにすることです。そうすると物事を見通し、並行して進める力がついていきます。

❖しつけ、それは親切心と独立心との結合である――エマーソン

43

子どもを伸ばす親は、お客さんに「こんにちは」をさせ
ダメにする親は、親のお客さんは、子どもには関係ないと考える

〇
家族のお客様は、家族全員のお客様。
お出迎えの挨拶とお見送りをさせる。
子どもの友だちが来たときも同様に対応する。

×
自分のお客さんだから子どもには無関係と
挨拶や見送りをさせない。
子どもの友だちにも同様の接しかた。

家にお客さんが来たら、子どもにも顔を出し挨拶をさせましょう。そして大人の会話がはじまったら「失礼します」と席をはずさせ、お帰りのときは見送りをさせるのです。自分たちのお客さんだから、子どもとは関係ない、などと思わないこと。お子さんも家族なのですから、顔を出して挨拶をさせるべきです。

私が子どものころ、お客さんが来ると「こっちへ来て挨拶しなさい」と呼ばれ、挨拶をしていました。しばらくすると「もうあっちで遊んでいなさい」と言われ退席する。こういうことから、子どもは立場によるけじめをつけられるようになるのです。

そして私が大きくなって、うちに友人が来るようになると、親は歓迎して少し顔を出し、すぐ席をはずしてくれていました。

家族のなかでも「私は私」とするのが当たり前と思われるかもしれませんが、「家族のお客さん」と考えたほうが、みんなが仲良くできると思います。家族のまとまりはこういうところからも生まれるのかもしれません。

見送りも、みんなで揃って気持ちよくしたいものです。

♧家族みんなで「いらっしゃい」。子どもの友だちも同様に歓迎しましょう

44

子どもを伸ばす親は「学校は教育の場。しつけは家庭で行う」と考え
ダメにする親は「個性」を振りかざし、親のしつけの怠慢《たいまん》をごまかす

〇
基本的なしつけは家庭で行い、
学校は教育の場と考える。
自由には責任が伴うことを家庭で教える。

×
「この子の個性なんです！」と言って、
親の怠慢をごまかす。
しつけは学校の先生がやるものとはき違える。

小学校の入学説明で、校長先生が「15分間座っていられるようにしましょう」と話されるのを聞いて冗談かと思いました。なぜなら私の教室にいる子どもたちは、ひとり残らず園児はもちろん、2~3歳の幼児でも、50分間座っていることができたからです。

「歩きまわるのは個性です」。そうではありません。個性という言葉は耳障《ざわ》りはいいですが、親のしつけの怠慢をごまかしているにすぎません。自由には責任が伴うことを忘れてはいけません。そう育てられた子どもたちに罪はないだけに、余計にかわいそうに思います。

先の校長先生が話されたようなことが起きているのは、親の立場からしても情けないと思います。学校は教育の場であり、しつけは家庭で行うのが当然です。前提を崩されて苦労している学校現場を責めるのはいかがなものでしょう。

園や学校の先生を軽視する親御さんもいますが、そんな親の態度を見て、子どもが先生を敬《うやま》うでしょうか。学習能力にも影響します。またそれだけに、先生方も、襟《えり》を正す必要があるでしょう。お互いの役割や信頼関係を取り戻していくために、どうしたらいいのかを建設的に考えていってほしいと思います。

❖教育の最高責任者は、校長でも園長でもない、親です――石原慎太郎

45

子どもを伸ばす親は、**甘やかさず、困難を乗り越える力を育て**
ダメにする親は、**溺愛して、暴力で欲求をかなえる子に育てる**

○
「愛情」と「溺愛」を区別し、
甘えさせても甘やかさない。
泣くことでなんでもかなえさせない。

×
「泣かすのはかわいそう」
「この子は意志が強いから」となんでもかなえ
怒りや暴力で欲求を通そうとする子に育てる。

じゃあ まだ
遊んでていいよ
…この子は
意志が強いから
はいはい
ギャー

自分の欲求がかなわないときに泣く。それは当たり前ではあります。でもその先の親の対応が問題です。「泣かすのはかわいそう」「この子は意志が強いんだから」などといった理由で、子どもの欲求をかなえ放題にしてしまっている親のなんと多いことか。

これでは、泣くことで自分の欲求を通すことができる、というコミュニケーションのパターンを学ばせている、いいえ、教えていることになります。

こうしたお子さんは、年齢を重ねるにつれ、泣く時間がどんどん長くなっていきます。そして泣くことで伝わらなくなると、ほかのことによって欲求をかなえようとします。少し大きくなると「怒る」ことで。さらに大きくなれば「暴力」――子どもだっていけないことだとわかっています。でも伝えかたを学んでいない。安心感がないから、外へは向けられない。やがて引きこもってしまうことも……。すべて幼いころの対応からつながっているのです。

「甘えさせる」ことと「甘やかす」ことは違います。おおいに甘えさせても、甘やかしはしてはいけません。困難にぶつかったときに、どう乗り越えるか。それが成長です。幼児期に溺愛されるとわがままな子になり、乗り越える力が育ちにくくなってしまうのです。

❖溺愛の子は、骨までしゃぶる――インドのことわざ

46

子どもを伸ばす親は、いたずらした子に「お母さんは悲しい」と伝え
ダメにする親は、感情に任せて怒り、自発的に考える力がつかない

○
大事なものへのいたずらには、
アイ（I）メッセージで悲しいと伝える。
お母さんを困らせたくないと繰り返さなくなる。

×
いたずらはしかたないとわかっていても、
大事なものを壊されたときに、
感情に任せて怒ってしまう。

いたずら自体はいいとか悪いとかいうものではありません。いたずらと感じる程度は、大人の許容度によって変わってきます。少しでも散らかっていると気に入らないお母さんもいれば、多少はいいとゆったり構えるお母さんもいます。いずれにしても、子どもの心が悪いからいたずらをするわけではないのです。

でも大人にとって困ることをしたり、大事なものに損害を与えたりすることもありますよね。そういったときは、どのように教えればいいのでしょうか？

「お母さんはこれを大事にしていたから、壊れたら悲しい」「これを直すには、お母さんはとても大変なんだよ」と悲しい、あるいは困った表情や口調で伝えればいいのです。

すると、大事なお母さんの悲しむ顔を見たくない、困らせたくないと、子どもはおなじことを繰り返さなくなります。

この伝えかたを「アイ（I）メッセージ」と言います。「私はAと思うから、あなたはBをしなさい」ではなく「私はAだと思う」と投げかけ、あとは相手を「待つ」のです。すると、子どもは自発的に考えるようになっていきます。

♧アイ（I）メッセージは、さまざまなコミュニケーションに効果的です

47

子どもを伸ばす親は、謝る理由を納得させ、心から謝れるように導き
ダメにする親は「ごめんなさいと言いなさい！」と頭ごなしに叱る

○

本人の気持ちに寄り添いながら、
どうして「ごめんなさい」と言うのか
納得させ、自発的に心から言えるように導く。

×

「ごめんなさいと言いなさい！」

「なんで謝らないの！」「許さないからね！」

頭ごなしに叱る。

「ごめんなさい」しなさいっ!!

子どもがほかの子を叩いてしまったり、ものを壊してしまったりするのは、よくあること。その際、お子さんがなかなか素直に「ごめんなさい」と言えずに「ごめんなさいと言いなさい！」と叱るお母さん方が多いのも現実でしょう。しかし親の叱責がかえって子どもの心を閉ざし、素直に謝れなくなる状況に追い込んでしまうことも。強制的に「ごめんなさい」と言わせるのではなく、お子さんが自然に言えるようにしたいと思いませんか。

大人の思いもあるでしょうが、まず本人の感情を汲《く》んであげることが大切です。こんなふうに導いてあげたらいかがでしょう。

してはいけないことを伝えたかったら。「△△しちゃったね」

なぜいけないかを教えたかったら。「嫌な気持ちだよね」

反省をしてほしかったら。「○○ちゃんも嫌な気持ちで泣いてるね」

「ごめんなさい」と言えるように教えたかったら。「ごめんなさいって言えるよね」

原因もいろいろあります。本人が悪くないときもあるでしょう。

また私たち大人も、相手が子どもであれ、「ごめんなさい」と心から言いたいものです。

❖あやまちを犯しながら改めないことをあやまちという――論語

48

子どもを伸ばす親は、親の思いを子どもが受け止めやすいよう工夫し
ダメにする親は、聞く態勢に配慮せず「言うことを聞かない」と悩む

○

子どもの受け止めやすい球を投げる。
バランスよく愛情を注いで、
子どもが聞く態勢のときに伝える。

×

「子どもが言うことを聞かないんです」

子どもだけの責任にする。

親の思いと、子どもの思いがかけ離れている。

うちの子
ちっとも
言うことを
聞かなくて…
信頼
愛情
共感
会話

「子どもがちっとも言うことを聞かないんです」「子どもと距離を感じます」こんなときは、子どもの心が親の言うことを受け入れる態勢《たいせい》にないということです。親の一方的な都合でものを言っていませんか？　これは受け手の子どもが悪いのではなく、伝え手の親の問題です。「ボールを投げるね」と体勢を作ってから投げれば、うまく捕《と》れるでしょう。子どもの態勢ができていないときに言うのは、いきなりボールを投げつけて「捕れないじゃない！」と言っているようなものです。

話を伝えたければ、まず聞くことです。抱きしめて、愛情を伝える。相手の言葉にうなずき、相槌を打つ。相手の言葉を繰り返す。相手の言葉をまとめる。促す言葉。子どもの心を開くには、相手がその気になるようにしてあげることが大切です。

親子関係がうまくいかない例を見ていると、愛情が伝わっていない、または溺愛。厳しさがない、または厳しすぎ。信頼感を得られていない。相手との共感関係が崩れている、などの原因が見られます。親の思いと、子どもの思いがかけ離れてしまっているのです。

子どもは、自分を認めてくれている人に心を開き、安心感を感じて話を聞くものです。

❖信頼関係を大切にして、ひどい目にあうことはまれだ――論語

49

子どもを伸ばす親は、子どもが嘘をつくのはなぜか、自らを省《かえり》みて
ダメにする親は、親に叱られたくなくて嘘をつく子に育てる

○ 嘘をつくことはいけないと示すが、まず嘘をついたのはなぜか、親自身に非がなかったかを考える。

× 子どもの嘘をなんでもかんでも叱る。失敗を叱られてばかりの子どもは、防衛として嘘をつくようになる。

誰が花瓶割ったの？
ボクじゃないよ…

子どものつく嘘に対して敏感になっているお母さん方がいます。しかし大人の嘘と、幼児の嘘とは区別する必要があります。子どもが夢やイメージで見えたことや願望を本当のことのように話すことは嘘に該当しません。小さいうちはわざとだまされてあげてもいいでしょう。

防衛的な嘘への対応も同様です。ものを壊したときに「僕じゃない」と言い張るといった嘘をつく。注意したいのは、そんなときになんとかして子どもに白状をさせようとすることです。

私たちは、その前に子どもの失敗について叱ったり叩いたりしたことはなかったかと反省しなければなりません。失敗を叱られることの多い子どもは、叱られるのは嫌ですから、どうしても防衛的になるものです。叱責や非難に対する防衛から嘘をつくわけです。「誰々のせいだよ」と他人を貶める嘘には、特に気をつけたいところです。

嘘をつかない子どもにしようとするならば、子どもの失敗を非難せず、上手に叱ることです。そうすれば、子どものほうから「やっちゃってごめんね」と素直に言うようになるもの。ものを壊したときなどには、子ども自身も「しまった」と思っていますから、「この次には注意しようね」でいいくらいです。

嘘をとがめる前に、育てかたに反省を！

50

子どもを伸ばす親は、人の悪口より褒め言葉を口にするように導き
ダメにする親は、悪口を聞かせたり、一緒になって言ったりする

○
子どもが悪口を言っていても、長所を見つけ、褒め言葉を口にするよう導く。子どもの前で悪口を言わない。

×
子どもと一緒になって悪口を言う。学校の先生、ご近所のかた、夫婦間などの悪口を子どもに聞かせる。

○○ちゃんたら
××なんだよ
も〜
ふ〜ん
でも○○ちゃんは
△△なところが
いいよね

悪口を口にすると、自分の心が悪くなっていきます。また聞かされる側も、笑って聞くかもしれないけれどもいい気持ちはしていない、ということを教えましょう。自分もそうやって陰口を言われているのかもしれないと信用されなくなりますよと。

自分の立場が強いとき、弱いとき、かならず順番がきます。いつかは自分のほうへ、その悪口がまわってくるのです。

悪口を聞いて、たとえ「そうだな」と思っても、一緒になって言うのではなく、反対に人のいいところを見つけて、褒め言葉を口にすることを教えましょう。そしてまずは親から実践するようにしてください。「あの子はこういうところが素敵だね」「見習いたいね」「すごいね」。いい言葉を口にすると、心がきれいになっていきます。

弱い人を助けるにはどうしたらいいのか、みんなが楽しくするにはどうしたらいいのか、考えさせましょう。すると、お子さんのまわりにも、あなたのまわりにも、どんどんいい友だちが増えます。そしてどんどんいいことが集まってくるのです。

悪口を言うのと褒め言葉を言うのとどちらがいいか、考えさせてみてください。

❖君と一緒に陰口を聞く者は、君の陰口も聞くだろう——スペインのことわざ

51

子どもを伸ばす親は「みんな持ってる」に「みんなって誰?」と聞き
ダメにする親は、ひとりだけ持っていないとかわいそうと考える

○ 親が判断基準となる自分の軸を持ち、子どもに「みんな持っている」とせがまれても自分にとってどうなのかを考えさせる。

× みんな持っているなら、買ってあげないとかわいそう、と子どもに言われるがままに買い与えてしまう。

ROBOKO II
SALE
みんな持ってるから!
みんなって誰?

子どもたちがよく使う台詞。

子「あのおもちゃ買って」　親「ダメよ」（ちょっと高いし、まだ必要ないわ）

子「だってみんな持ってるよ」

親「あら、そうなの」（ひとりだけ持ってないのはかわいそう）「いいわよ」

「みんな」という言葉を聞くと、一緒でないと不安になりがちです。一般化された言葉に引き込まれやすいのですね。雑誌やテレビの情報を見聞きしたときもそうです。

しかし、本当は自分自身で判断する軸が必要なのです。

お子さんから「みんな」と言われたら、「みんなって誰？」と聞いてみましょう。そうすることで親は「この子にとってどうなのだろうか」と考えることができます。

何事も冷静に判断するためには、心の軸、つまり判断基準をしっかりと持つことです。判断基準が自分以外だとブレてしまいます。大人は本を読むなどして、人として生きる軸を作るべきなのです。


❖私はすべての判断の基準を「人間としてなにが正しいか」に置いている——稲盛和夫

52

子どもを伸ばす親は、我慢を通して満足感や幸福感を学ばせ

ダメにする親は、なんでも聞いてあげ、欲求に際限《さいげん》のない子に育てる

○

適度に我慢することを教えることで、満足感や幸福感を覚えさせ、感情のコントロールができる子に育てる。

×

「この子は言い出したら聞かなくて」「意志が強くて」となんでも欲求をかなえる。満足を知らず、幸福感も得られない子に。

お会計
言い出したら聞かない…ほらっ買ってあげるから
CHOCOP

なんでも言うことを聞いてもらってばかりいると、我慢を知らずに育ちます。我慢を知らないと、満足を知ることができません。なにを与えられても満足感が得られず、欲求が際限なくなっていくのです。快楽だけを求めたり、幸福感を得られなかったりする人間になってしまいます。また我慢は人間らしさをつかさどる前頭葉を育てます。

そう育てられた若者が多い気がします。感情は心のなかから湧いてくるものですから、「これが満足なんだよ」と教えることはできません。

では、いったいいつから我慢を教えたらいいのでしょうか?

それは乳児のときから可能です。たとえば洗いものをしているときに、おっぱいを求めて子どもが泣き出すとします。すぐに手を止めて駆けつけてあげるのもいいでしょう。でもそこでこう声をかけるのです。「おなかが空いたね。お皿を洗い終わったら行くから待っててね」。そして「待っていてくれてありがとう。おかげで用事ができたよ」と笑顔と感謝で接する。子どもは、少し待てば親の笑顔と愛をもらえると学ぶでしょう。自分の感情のコントロールができる子に育てたいなら、我慢も教えましょう。

❖足るを知る者は、富む――老子

53

子どもを伸ばす親は、自分で危険を避ける能力をつけるように導き

ダメにする親は、先まわりして危険を遠ざけ、過保護にする

○

危険なことも、大きなケガや事故に繋がらないよう見守りながら体験させ、自分で危険を避けることを学ばせる。

×

「危ない」「熱い」「痛い」親が先まわりして危険を遠ざけるため、子どもに適切な危機回避能力がつかない。

危ないから抱っこしましょう

小さな子どもが下り階段付近にいると「危ないよ」と声をかけるお母さん。でも子どもには、階段イコール危ない、と結びついてはいないのです。また、もう歩きもしっかりしているのに、危ないからと階段の昇り降りは、かならず抱っこでするというかたもいます。

私の子どもは、階段では手を繋いでいましたが、体力がついてきたら、かならず手すりにつかまることを教えた上で、いつ落ちても支えられるように数段下で構えて昇り降りをさせていました。子どもは日を追って上手になります。ヒヤッとすることもありますが、子どもはそこで階段は危ないと学んだようです。こうして落ちる前に、階段の怖さを知ると、親がいないところでも危険を自《みず》ら避けられるようになります。

「熱い」を教えるのもおなじですね。湯飲みなどを触らせて「熱い！」と教えました。すると「熱いよ」と注意するだけで、手を引っ込めたり気をつけたりするようになります。ハサミの使いかたも上手に教えれば、2歳くらいでも慎重に使えるようになります。

危険から遠ざけたいのは親心ですが、いつかは自分でわからねばなりません。本人の自ら危険を回避する能力を高めることもひとつの方法です。しっかりとした監督下で学ばせましょう。

♧ 過度な先まわりや過保護は、子どもの能力を高める機会を奪うだけ

54

子どもを伸ばす親は、途中まで手を貸すことで「できた！」を増やし

ダメにする親は、途中までやらせてから、できないところを手伝う

○

ボタンを途中まではめてから自分でやらせる。

「できた！」という達成感を味わえた子は、挑戦する意欲が出て、向上心を持つ。

×

ボタンはめをできるところまで自分でさせできないところで手を貸す。

子どもは達成感を味わうことができない。

ひとりでお着替え。「自分で着替えなさい」だけでできるものではありません。たとえばボタンはめをどう教えていますか？　途中までさせて「できない」となったら手伝う、というかたがほとんどだと思います。さらに「まだ無理ね」と声をかけていませんか？　着替えの教えかたには、ちょっとしたコツがあるのですよ。

先に途中まで通し、あと少しというところから、自分でさせてあげるのです。すると、「できた！」と達成するところを体験できます。「やった！　ボタンはめられたね！」大げさなくらい褒めてやると、子どもは「次も」と言ってきます。そうなればしめたもの。そして回数を重ねるごとに「ここからできるかな」と気持ちをくすぐってやりましょう。達成感に導かれ、どんどん自分でやるようになりますよ。指先の器用さも向上していきます。

ボタンを例に挙げましたが、ほかにも同様のことが言えます。先に途中までやってあげることで、前半の「できる」よりも、後半の「できる」を増やすのがコツです。達成感を味わうことで、集中力ややる気、意欲、向上心が伸び、さらにできるようになるからです。難易度は高すぎず低すぎず、お子さんの様子をよく見てやってあげてください。

♧途中から手を貸すのではなく、途中まで手を貸す、逆転の発想を！

55

子どもを伸ばす親は、お手伝いは「褒める種をまくこと」ととらえ
ダメにする親は「させられてる感」で、役に立つ喜びを感じられない

○

お手伝いを通して、
子どもは人の役に立つ喜びを知る。
自己有能感や自己肯定感が高まる。

×

「お手伝いを〝させよう〟」という意識や
上から目線の頼みかたでは、
子どもは受け身の人間にしか育たない。

お手伝いの目的は、褒める種をまくことです。簡単なことをお願いし、感謝を伝えましょう。子どもは自分が役に立つ人間であり、相手を喜ばせることが、自分の喜びになることを学ぶでしょう。頼まれたことがどのように役に立つか、どうやったら相手が喜ぶのか、親の反応から学びます。

またハサミなど、道具の正しい使いかたや受け渡しのしかたを教えてあげることも大切です。どう渡したら相手が使いやすいか、受け取りやすいかを教えましょう。

ただし手伝いを〝させる〟ことに意識がいきすぎると、望まぬ方向へ育ててしまうことになります。指示や命令で育てられると、受け身となり「させられている」と感じるようになります。するとやりかたがぞんざいになっていきます。子どもがもともとできていたことが乱れてきたら、私たち親が自分自身を振り返る必要があります。頼むほうも「教える」といった上段からでなく、謙虚さを忘れないようにしましょう。

頼んだことがうまくできないときは、叱らずにまず「ありがとう」と抱きしめてあげてください。それからどうするのかを教えるようにしましょう。

♧お手伝いを通して、自尊心を高め、人に貢献する喜びを体験させましょう

56

子どもを伸ばす親は、**よい姿勢で、よい身体と心を作り**

ダメにする親は、**姿勢に頓着《とんちゃく》せず、心身に悪い影響を及ぼす**

〇 「背筋を伸ばしてごらん」「あごを引いてごらん」と具体的に言って、姿勢を正すよう気をつけさせる。

× 姿勢に頓着しない。姿勢の悪さはさまざまな心身の不調に影響する。

姿勢のよくない大人が目立ちます。

原因として、運動量の減少と筋力の低下、そして姿勢にあまり頓着していないことが挙げられるでしょう。

姿勢が悪いことで、視力低下や肩こり、腰痛、頭痛や疲れやすさ、内臓機能の低下なども引き起こされます。また姿勢は、心の状態にも影響を与えます。

身体が姿勢をもっとも学習するのは、子どものころです。生活習慣によって歪《ゆが》んでいくので、親が日ごろから姿勢をよくするよう教えてあげましょう。

具体的には「背筋を伸ばしてごらん」「あごを軽く引いてごらん」「何回か肩を上げて、ストーンと下げてごらん」など。

改善にはかなりの期間を要しますので、無意識にいい姿勢を作れるようになるくらいがちょうどいいかもしれません。気がついたら、こまめに姿勢を正すようにしましょう。

また赤ちゃんの時期のハイハイは、歩行に必要な筋肉や神経の発達にも重要です。十分にさせましょう。

幼いころから、自然といい姿勢を保つ習慣をつけさせましょう

57

子どもを伸ばす親は、脱いだ洋服の置き場所を子どもと決めておき
ダメにする親は、置き場所を決めずに、脱ぎっぱなしにイライラする

〇 脱いだ洋服を置く場所を、子どもと決める。
だらしないのではなく、
置き場所を決めてあげればできる。

× 脱いだ洋服の置き場所が定まっていないのに、
子どもが脱ぎっぱなしにすると
イライラをぶつける。

脱ぎっぱなし！
あとで着るから

洋服が脱ぎっぱなしになっていませんか？　まずは脱いだものは脱衣所なりカゴなり洗濯機なりへ入れておくよう教えましょう。

では、たとえばちょっと暑くなったから、とりあえず脱いでおこうという場合。つまり脱いだものを、またあとで着たいときには、どうしていますか？

私はたたんで部屋の隅などに置いています。しかし自分のなかで置く場所を決めていても、他人からはほったらかしてあるように見えることもありますね。

つまり子どもたちが服を脱ぎ散らかしてしまうのは、だらしがないからではなく、場所が決まっていないからということが多いのです。環境を変えるほうがずっとうまくいきますよ。

「とりあえず置いておく」場所を決めるのは、ひとつの方法です。

また親が一方的に置き場所を決めるのではなく、一緒に決めるほうがいいですよ。似た例でタオルで手を拭かない子には、一緒にタオル掛けを選んで、一緒に取りつけることで、言わなくても手を拭くようになる、といったこともあります。

こういった口で言ってもなかなか解決しないことは、環境を見直しましょう。

❖整理整頓は、生活の半分——ドイツのことわざ

58

子どもを伸ばす親は、小さいころから、寝る前に翌日の服を選ばせ
ダメにする親は、当日の朝に服を出してやり、計画性が身につかない

夜に、翌日の服を子どもに選ばせる。

子どもに選ばせることで計画性を育む。

事前の準備を小さいころからの習慣にする。


「天気がわからないから、明日でいい」

「明日、さっと選んであげればいい」

計画性や、準備をする習慣が身につかない。

明日はどっちがいいかな？
えーっとねー

朝起きてから着替えを用意するご家庭が多いでしょうが、準備の大切さや計画性を身につけるのならば、寝る前に「明日はなにを着よう」と考えさせることです。服をいくつか出して、お子さんに「明日はどっちを着たい？」と聞き、選ばせましょう。

朝になって、そのとおり決めていた服を着ることができればそれでいいですし、もし天候が違っていたら変えればいいのです。それを無駄と考えてはいけません。要する時間はたいして変わりません。「あら、思っていた天気と違うね。違うのにしましょう」。そうすることで柔軟性も自然と身につきます。

成長につれて「明日はこういうことがあるから、この服にしよう」「天気はどうなるだろう」と考えをめぐらせるようにもなるでしょう。計画性が生まれるのです。

幼稚園前からできる習慣です。学校に上がれば、自分で学校の準備をするようになりますが、この習慣をあらかじめ身につけておけば「夜のうちに用意しておきなさいって言ったでしょう！」という事態がはるかに減るはずです。成長してからではなかなか根づきません。

事前の準備を、小さいころからの習慣にしておけばいいのです。

❖一家は習慣の学校なり。父母は習慣の教師なり——福沢諭吉

59

子どもを伸ばす親は「いただきます」「ごちそうさま」の意味を伝え

ダメにする親は、食にまつわる感謝の心を軽んじる

○

「いただきます」「ごちそうさま」は感謝を表す言葉。作ってくれた人にも、食べものにも感謝を。

×

「お金を払っているのだから」などといった理屈で「いただきます」「ごちそうさま」を軽んじる。感謝の気持ちを表さない。

「いただきます」「ごちそうさま」は、料理を作ってくれた人に感謝し、食材を生産してくれた人に感謝し、食材そのものに感謝する。人が人として生きていく上で、すべてのものに感謝するという、日本古来の美しい伝統であり文化です。礼儀やしつけ以前に、日本人として、最低限の挨拶ではないでしょうか。

両親からは、八十八の手間を掛けて米を作ってくださった農家のかたに、また働いてお金を稼ぐお父さん、食事の用意をするお母さんに、感謝を込めて「いただきます」と言うのだと教えられました。祖父母からは神様が入っていると聞かされました。

それに加えて、いまは「あなたの命を私の命にさせていただきます（頂戴します）」の「いただきます」だと思っています。道徳観や感謝の気持ちの表れです。

感謝の波動はとても高いことがわかっていますが、こういった文化は誇っていいのではないでしょうか。

道徳とは、強制するものではなく、日本の文化に根差し、親から子へと伝える心の規範だと思います。大切にしたいですね。

❖家庭よ、汝は道徳上の学校なり――ペスタロッチ

60

子どもを伸ばす親は、食事を残すとはどういうことか教え
ダメにする親は、適量以上に出して、無理やり食べさせようとする

○ 食卓には適量を出し、残さずに食べさせる。
食事を作る人のことも考え、
残すとはどういうことか教える。

× ごはんを残すことに頓着しなかったり、
適量を超えた量を出しておいて、
無理やり全部食べさせようとしたりする。

「出されたごはんはすべて食べる。残すことは相手に失礼です」と教えましょう。親は子どもの身体を考えて食事を作りますが、子どもはあまり考えずに好き嫌いをしたり、ほとんど手をつけなかったりしますね。

食事のときは「おいしいって言われると、お母さんは嬉しくて作った甲斐があったと思うよ」と、おいしいと思ったときにはそれを伝えるように教えましょう。

そして出された料理をすべて食べるのもおなじ意味があると教えるのです。心からの「おいしい」という言葉は、作った人に対する最大の賛辞《さんじ》だと思います。

ただし出したものをすべて食べるというと、なにがなんでもと考えるかたもいますね。あきらかに子どもの食べられる量を超えて出して「全部食べなさい」は無理でしょう。日ごろから、子どもの残す量を見ていれば、その子にとっての適量がわかるはず。足りなければ「おかわり」をさせればよいのです。ごはんが食べられないときは、当然、おやつはあげません。健康の源でもある食事は、出す親の責任で、好き嫌いを解消する工夫をしたり、コントロールしたりすべきなのです。

❖家庭料理は、料理というものにおける真実の人生 ——北大路魯山人

61

子どもを伸ばす親は、食べものへの先入観を変え、食卓を楽しくし
ダメにする親は、工夫もせずに「好き嫌いはダメ！」と頭ごなしに叱る

○

叱る前に、調理方法や出しかた、食卓を楽しくする演出など、食べたくなるような工夫をする。

×

工夫もせずに叱る。嫌いな食べものが「叱られる」という嫌な体験とセットになり、ますます嫌いに。

おいしー♡
○○ちゃんがお水あげたキュウリとトマトよ

お子さんに好き嫌いがあると、なんとか食べさせたい、どうしたものかとお悩みのかたも多いでしょう。しかし「食べなさい！」「なんで食べないの！」「好き嫌いはダメ！」と叱るばかりでは、逆効果。

まずは、お子さんが食べたくなるような工夫をすることからはじめてみましょう。たとえば、調理方法を変えてみる。わからないぐらいに混ぜたり、出す量を工夫したり。

子どもの食べものへの先入観を変えるのも効果的です。「これはおいしい○○だよ」。それがとてもおいしいものだと食べて見せるのです。

食べるように叱ってばかりでは、「叱られる」という嫌な体験と、その食べものが結びついてしまい、ますます嫌いになってしまうだけです。

わが家では、食べないときにはおやつも出しませんし、おなかがすいても代わりのものは出しません。そして、次の食事のときに、またおなじものを出します。

食事は子どもの健康を考え、親が決めるのです。楽しく食事できるよう、工夫しましょう。工夫の余地はまだまだあるのです。

♧食事は家族の基本！　楽しく食べられる時間を、親が演出しましょう

62

子どもを伸ばす親は、**見せかたや内容を考えて、テレビを見せ**
ダメにする親は「つけていないと泣くから」と言われるがまま見せる

〇

食事時間はテレビを消す。

つけっぱなしにはしない。

テレビは見せかたや内容を考えて見せる。

×

「テレビをつけていないと泣くから」

「子どもが見たがるから」

子どもにせがまれるままに見せる。

百ます計算で知られる陰山英男先生は「テレビを一日2時間以上見る子に高学力の子はいない」と断言します。小学校の授業時間は年945時間。45分授業ですから実授業時間は708時間。いっぽう一日2時間テレビを見ている子どもの年間総視聴時間は730時間にのぼりますから、小学校の授業時間を上まわることになる。もし土日にさらに1時間テレビゲームをするようなら、画面を見ている総時間は830時間となり、中学校の授業時間をも凌駕《りょうが》してしまいます。時間数で「授業」は「テレビ」に負けているのです。

粗悪《そあく》な番組によって、精神的に影響を受けている子どもだって少なくありません。わが家ではテレビのコンセントを抜いたこともあります。なければないで、子どもはすぐに切り替えます。ぐずるのは、そうすれば事態が好転すると思っているあいだだけです。

学校の話題で、自分の子どもだけ知らないことがあったらかわいそう？　大丈夫、そんなことでは仲間はずれなど起こりません。子どもの世界はもっと柔軟なのです。

見せるなら、こういう番組は見ていいよと教えて内容をコントロールしてください。少なくともつけっぱなしはやめ、食事中は消しましょう。

♧テレビの見せかたの方針を、家庭で決めましょう

63

子どもを伸ばす親は、おねしょを夜起こさず、焦らず、怒らず見守り
ダメにする親は、おねしょを治そうと四苦八苦《しくはっく》してストレスを与える

○
おねしょ＝病気ではない。
成長の一過程ととらえ、見守る。
水分の摂取量や冷えなどにだけ注意する。

×
おねしょを早く治さなければと焦る。
子ども自身も「失敗した」と思っているのに
叱って、罪悪感を植えつける。

またおねしょ!! いい加減にしてよね!

幼児期のおねしょは、身体の器官の発達やホルモンの関係で起こります。すなわち成長過程のひとつであって病気ではありません。ですから生活上のことに注意するだけでいいのです。水分の摂取量を夕方からは控えめにしましょう。また冷えに注意してください。

決して起こさない、焦らない、怒らない。夜中起こせばおねしょをしない、というのは治ったわけではありません。病気ではありませんから、治る治らないではないのです。その結果、尿意なく起きてしまうお子さんが多いようですので、おねしょパンツなどを利用し、夜は起こさないようにしましょう。

おねしょをする時間がだんだん遅くなっているようであれば、成長している姿と思って見守りましょう。焦らず、日一日と背が伸びていくのを楽しむのとおなじで、日々の成長を楽しみましょう。叱られると、子どももおねしょに対して罪悪感が生まれます。

ただし突然におねしょがはじまったという場合。原因として、心理的あるいは環境のストレスが挙げられます。カウンセリングなど、ストレスを乗り越えるための心を成長させるといいでしょう。就学しても続く場合は、専門機関に相談しましょう。

♧成長のスピードはそれぞれ。背が伸びるのを楽しむように見守りましょう

64

子どもを伸ばす親は、**電車のなかで子どもを立たせ**

ダメにする親は、**自分が立ってでも、子どもを座らせる**

○

自分より年長者や弱者には、席を譲るよう教える。子どもは立たせる。年長者を労《いたわ》る心を養う。

×

立たせるのはかわいそうと、自分が立ってでも、子どもを座らせる。席を譲れない大人になる。

子どもを座らせて、親は立つ。電車のなかでは、そんな光景をよく目にします。

しかし、そんなふうに育った子どもが、大人になって父や母、年長者に席を譲るようになるのでしょうか？

子どものころ、父と電車に乗ったとき。最初、車内はガラガラで、私たちも座席に座っていました。しかし、やがて混んでくると、父は一言こう言いました。

「子どもは立ちなさい」

なるほど、子どもは電車内では立つものなんだ。子ども心にも、そう刻まれました。以来、私はご年配のかたなどには、席を譲るように心がけています。

いまのお子さんは、習い事などで疲れているかもしれませんが、「子どもは立つもの」と教えることが大事です。

お年寄りや年長者、身体の不自由なかたには席を譲る。子どもは立つ。小さいころから当たり前のこととして教えましょう。


❖「長幼の序」年少者は年長者を敬い、年長者は年少者を慈《いつく》しみ、また敬われるに値する人物たれ——孟子

65

子どもを伸ばす親は「人のための心」を持って公共のルールを守り
ダメにする親は、自分さえよければと公共への意識の低い子に育てる

○ 親が「人のための心」を持っていることで、人はひとりで生きているわけではない、支え合わなければならないと意識できる子に。

× 「自分さえよければ」「自分だけ得をすれば」親の態度を子どもが見習い、公共の意識の意識の低い子に。

私が子どものころ、「自由」という言葉が周囲にあふれていましたが、自由には責任が、権利には義務が伴うことが抜けていたように感じます。そのように育った世代が親になり、その子どもたちがまた親になっていくいま。公共に対する意識の低さが目につきます。割り込み、ゴミの分別や不法投棄、給食費の不払い、生活保護の不正受給。責任感や規範意識、社会は支えあって成り立ってること、他人を思いやる行動を、子どもに示せているでしょうか。自分や自分の家族が得をしたい。損をしたくない。そのためには嘘やごまかしもいとわない。世のなかはごね得だ。自分くらいは、自分さえよければと思っていませんか？

子どもたちはそんな親を尊敬するでしょうか？　子どもたちは傷つき、そして麻痺していきます。権利意識が強すぎないか、自省する必要もあります。

人は他人のためというときに、普段以上の力を発揮するものです。幼いうちから、自分のためではなく、世のため、人のためという意識を持てるよう接しましょう。それが心に根づくと、自立し成長していく人に育ちます。意識せずとも、考えの基盤になることで、思いやりを持った能力の高い人になっていくのです。

❖子どもには、批判よりも模範が必要である――ジュベール

66

子どもを伸ばす親は、ゲームを一緒にやる前に「負けても泣かない」
ダメにする親は、負けて泣くからと、特別にゲームのルールを変える

ゲームをやる前に「負けても泣かない」と約束させる。わざと勝たせてあげて、負けたときの態度も教える。

子どもが泣くからという理由で、特別にゲームのルールを変更する。悔しさをばねにすることを学べない。

悔しいね
でも
「負けても
泣かない」
だよね

トランプや運動面でのゲームを子どもと一緒にやるとき。はじめる前に「負けても泣かない」と約束してからはじめましょう。子どもは大人が思う以上にプライドが高いもの。子ども同士のゲームで負けたときに泣いて悔しがる姿はよく見られることでしょう。途中で「もう嫌だ！」と投げ出すことも。

しかし勝負のルールが守れないなら一緒に遊べないよ、と教えてやることです。

もちろん最初から大人が本気を出せば、子どもは勝てるわけがありませんから、ぎりぎりのところで負けてやり気分よく勝たせてあげましょう。「もう一回挑戦だぁ」「次は頑張るぞ」などと言ってやると、子どもは負けたときの態度を学ぶことができます。

だんだんゲームのおもしろさがわかってきたら、ときどき大人が勝ってやります。もし泣いたり怒ったりしても、それでルールが変わるわけではないのですからとりなす必要はありません。その際「悔しいね」「負けても泣かない、だよね」「次は頑張ろうね」と、気持ちを汲んだり、本人の向上心を勇気づけたりしましょう。そうすることによって、子どもは自分で悔しさをばねにしたりコントロールしたりできるようになります。

♧ 勝ったり負けたりする体験から、人と人とが関わる社会を学びます

67

子どもを伸ばす親は、他人を思いやる利他心を持ち
ダメにする親は「自分さえよければ」と、損得計算で動く

○

親自身が他人を思いやる心を持つことで、
子どもも損得計算ではなく
利《り》他《た》の心を育むことができる。

×

「自分さえよければいい」

「人のためになることをしたって損」

少しでも思っていれば、子どもに伝わる。

子どものころ、近所の友だちと鬼ごっこをした経験はありますよね。友だちの弟や妹、あるいはちょっと小さな子を交ぜてあげることになったとき、どうしていましたか?

私たちはその子を「お豆」と呼んで、追いかけはするものの捕まえはせず、また仮に捕まえてしまっても鬼にはならない、というルールを作ってやっていました。

最近、小学生が小さな子を交ぜて遊んでいるのを見ていたのですが、なんと鬼になった子は、真っ先に小さな子に向かっていって捕まえてしまいました。わざと捕まりに行ってあげるような子もなくて、みんなで小さな子をからかって笑っているのです。

さすがに声をかけて、そういうルールを知っているか聞いたら「知らない」と言います。「自分より小さな子や弱い者と一緒に遊ぶにはどうしよう」と考える力が育っていないんですね。自分が捕まらなければそれでいいようです。大人の社会にもいますね。

ほかの人を思いやる利他心を育てたいものです。物事を損得で考える子に育ってほしくはありません。幸せは、損得ではなく、人を思いやる豊かな心が作り出すのだと思います。

❖悪とは人を辱《はずかし》めること。もっとも人間的なこととは、どんな人にも恥ずかしい思いをさせないこと――ニーチェ

68

子どもを伸ばす親は、大人の話に子どもを交ざらせず、秩序《ちつじょ》を教え
ダメにする親は、友だち親子のように、子どもと対等でいたがる

○ 子どもに聞かせたくない話のときには、大人だけの話ということを伝える。子どもは人間関係や秩序、けじめを学ぶ。

× 大人と子どもは対等で、友人のような親子でいたいからと、大人の話の席に子どもを同席させる。

大人だけの話だから
はあい

親戚の集まりで大人が楽しそうに話していようものなら、子どもも交ざりたくなるでしょう。しかし、大人には大人の世界がありますし、子どもに聞かせたくない話もあります。

私の親戚が集まると、大人たちの場と、子どもたちの場はわけられていました。子どもたちの場では、自然と年長者が年下の子たちの面倒を見ます。自分より年長のいとこが、高校生くらいになってから、大人の輪に加えてもらうのをうらやましく見ていました。そして自分が「いてもいいよ」と言われたときには、とても誇《ほこ》らしかったものです。

大人と子どもは対等だ、という考えかたは大切です。しかしながら、それは人格や人権の上でのこと。庇護《ひご》するものとされるもの、教えるものと教わるもの、大人と子どものけじめはつけなくてはなりません。なぜなら、子どもたちはそういったことから、人間関係を学び、秩序を身につけることができるからです。

「子どもとはきょうだいのような関係でいたい」「友人のような関係でいたい」という言葉も聞きます。きょうだいであっても年の順があり、大人と子どもは違うと教えましょう。「友人」であるならば、お互いに向上できる友人であってほしいと思います。

❖自由が放縦《ほうじゅう》でないと同様、秩序は自由の欠如ではない――サン・テグジュペリ

69

子どもを伸ばす親は、**大人の話が終わるまで、子どもを待たせ**

ダメにする親は、**大人の話に割り込んだり口を挟んだりするのを許す**

○

大人同士が話しているときに、子どもが入ってきたら「ちょっと待ってね」と待たせ「待ってくれてありがとう」と聞く。

×

大人同士の会話に子どもが割り込むのを許す。いつでも大人の話をやめて、子どもの話を聞いてあげる。

お父さんやお母さん、大人が話をしているときに話しかけたい場合には「いまいいですか」と聞くように教えましょう。つい大人の話をやめて聞いてあげるお母さんも多いでしょうが、話の途中であれば「もうちょっと待ってね」と伝えて待たせていいのです。そして応じられるときに「待ってくれてありがとう」と言って聞いてあげる。

子どもが大人の話に割り込んでくるときは、自分に注意を向けてもらいたい、気を引きたいことも多いもの。親がほかのことに熱中していると感じたときにくるのです。子ども同士のケンカが起きるのも、そういうときが多いのではないでしょうか。

お子さんが安心感を持っていると、そういったことは減るように感じます。子どもに安心感を与えることが大切です。また子どもの様子に気を配っておきましょう。

それでも大人の会話に口を挟んでくるときは、きちんと「大人の話だから口を挟んではいけないよ」と教えましょう。子どもたちに聞かせたくないような話をせざるを得ないときは、そういった態度を教えるべきです。親子で隠し事をしたくないという人もいるでしょうが、子どもたちは精神的に未発達なもの。そこは大人が考慮すべきでしょう。

♧ 大人の話を子どもに聞かせないことも、大人がすべき配慮です

70

子どもを伸ばす親は、**ご先祖様から繋がれてきた命について話し**

ダメにする親は、**なぜ命を大切にするのか、なぜ生きるのか話さない**

○ ご先祖様からの命のバトン、どのような思いや愛情を注いで繋いできたか、子どもの存在が家族にとって偉大であることを伝える。

× なぜ命を大切にするのか、
どうして生きるのか、
子どもと向き合って話していない。

お母さんの
お母さんが
おばあちゃん

命は一度失ってしまったら、二度と戻すことはできません。お花も虫も一緒です。かけがえのない唯一無二のもの。だから大切にする価値があるのです。生物は種を残すために生きています。人間には、さらに思いというものがあります。

命については「あなたを産んだのは誰？　お父さんやお母さんを産んだのは誰？」とご先祖様を絵に描きながら話しましょう。ひいおじいさんおばあさんの数は8人（自分を入れて全部で15人）。ではひいひいおじいさんおばあさんは16人（全部で31人）……もしご先祖様のひとりでも、大人になる前になくなってしまったらどうなる？　自分の命だからいいやと死んでしまったら、あるいは他人の命を奪ってしまったら、何千、何万、何億といるご先祖様の命のバトンがそこで途切れてしまいます。だから、自分の命は自分だけの所有物ではない。ご先祖様がずっと繋いでくれたのだから、大事にしなくてはいけない。

命のあるものは、いつかかならずなくなります。ですから、いかに生きるかが目標ではなく、いかに死ぬかが目標だと言えば、焦点が生きるほうに向くかもしれません。つまり生き様をどうするかを考えるようになるのではないでしょうか。

❖生きているあいだは、いきいきとしていなさい――ゲーテ

わが子が問題児や加害者になってしまったら

いじめや問題行動を引き起こす人は、自分より弱いものに対して、あるいは数を頼みに、自分が優位な立場を作ろうとします。さらに自分がいじめられる立場になることを恐れ、ますます他人の弱点を探してエスカレートしていく。巻き込まれた周囲は、やはり自分が標的にされたくない気持ちが働き、止められなくなっていってしまいます。個人レベルで解決できないときは、すぐに専門機関へ相談しましょう。

子どもたちの問題行動の多くは、愛情の過不足が原因と言われています。したがって、子どもに共感を示し、人として尊重して、愛情を伝えれば、問題行動は減っていきます。

愛情を伝えるなんて当たり前じゃないかと思われるかもしれませんが、伝えているつもりでも、子どもにはきちんと伝わっていないことが多いのです。つまり伝えかたを考えたほうがいい。

「大好きだよ」「愛してるよ」だけではありません。

愛情の言葉をたくさんかけるとともに、スキンシップを大切にしましょう。子供の情緒はスキンシップによっても育ちます。

また自己中心的で他の人に対する思いやりに欠けたまま育ってしまうと、周囲とのトラブルを引き起こしやすくなります。自分に欠点や弱さがあるとき、無意識にそれを隠したり守ったりするために、他人を攻撃する、という人もいます。それが子どもでは、いじめなどを引き起こしてしまうのです。

自分に気付き、認めること。それにはやはり子どものうちにどう育てられたのかが影響するでしょう。自分を受け入れ、認めて、励ましてくれるという心のよりどころがあれば、いじめという負の連鎖も減るのではないかと思います。

多くの大人と親、ひとりひとりの自覚が大切だと感じます。

心のよりどころとなる愛情や安心感、自己重要感を得られることが基本となり、その上にいじめに対応できる心が育っていくのではないでしょうか。

いま私がいる中国のビジネス社会では、とことん相手の弱点をついて蹴落《けお》とすというのが日常です。なにも非がないのに誹謗中傷の攻撃を受けることもあります。

私は自分の弱さはさらけ出しています。勇気がいると思われるかもしれませんが、それによって得られることのほうがたくさんあります。いまでは強みにすらなっています。

自分で自分自身を認めると、自然体で心穏やかになりますし、「いじめ、いじめられ」の心境からも解き放たれるのではないかと思います。

第 3 章

豊かな
才能を引き出す
親の10の習慣

71

子どもを伸ばす親は、おもちゃは必要最小限を与え、工夫して遊ばせ
ダメにする親は、買い与えすぎて、集中力がなく、独占欲の強い子に

〇
おもちゃを与えすぎない。
ないならないで、あるもので遊んだり、
創造力を膨《ふく》らませて遊んだりするもの。

×
子どもがほしがるからと
おもちゃを買い与えすぎる。
買って数日したら、飽《あ》きてしまっている。

いひひ
牛乳パックロボット〜ヘルメットも作ろっと
これもつまんない
ポイッ

おもちゃの与えすぎはよくありません。子どもは目移りしてしまいますし、飽きっぽくなります。飽きっぽいということは、集中力が続かないということです。つまりたくさんのおもちゃは集中力をなくしてしまうのです。

また独占欲だけ強くなって、ものを大切にしなくなってしまいます。

もしおもちゃがたくさんありすぎるようなら、必要最小限にして、あとは目につかないところへしまってしまいましょう。賢い子どもを育てる親は与えすぎないのです。

また子どもの本来の頭の働きは、いろいろな遊びを考え出すことができるようになっています。「こうやって遊んだら」などと声をかける必要もありません。

私の子どもは、クレヨンがあれば、それだけでも延々と遊んでいました。ときにはお絵かきではなく、たくさん並べてまるで人形のように扱っているときもありました。よく観察していると、それぞれに名前をつけたり、役割をつけたりして遊んでいるのです。その発想や創造性、没頭する集中力はすごいなと思いました。

またおもちゃは片付けも大変ですね。楽しく片づける方法を考えるのも親の役目です。

♧ 与えすぎないことで、工夫して遊ぶ創造力が育ちます

72

子どもを伸ばす親は、自由に描ける環境を与え、I《アイ》メッセージで褒め
ダメにする親は、環境も与えずに、落書きを叱るばかり

子どもが自由に描ける環境を与える。
アイ（I）メッセージで伝え、
子どもの意欲を損なわないようにする。

子どもが自由に描ける環境も与えずに、

「うわー！　なにやってるの！」

「こんなところに描いちゃダメでしょう！」

コラッ!!
動物園みたいで楽しいね

♧のびのびと描ける環境を作り、好きに描かせることからはじめましょう

子どもがクレヨンやマジックなどを「口にする」から「描く」に移行するのが1歳前後。このころからなるべく自由に描かせるようにしましょう。ところかまわず描いてしまうのを防ぐには、なるべく大きな紙を敷き、その上に描いていい紙を出してください。壁に模造紙を貼るのもいいでしょう。「ここだったら描いていいよ」とすればいいのです。

幼児の巧緻《こうち》性、つまり器用さは、描けば描くほど感覚で身につき、向上していきます。また表現する楽しみも知るでしょう。2歳を過ぎれば、かなり器用に描くお子さんもいます。さらに色使いの感性や創造力も高まっていきます。

あるお子さんが「先生、見て」と、ぐるぐると線の描かれたものを持って来たので「トーマスかな」と聞くと「うん」と答えてくれました。「よく描けていると思うよ。見せてくれてありがとう。嬉しいよ」と伝えると、とても嬉しそうしていました。

106ページでお話ししたように、見せてくれたことに対して「アイ（I）メッセージ」を使っているのです。トーマスかなの答えが「違う」だったとしても繋がりますよね。もちろん、子どもの「作品」にも敬意を払いましょう。

73

子どもを伸ばす親は、習い事は絞《しぼ》り、させたいなら親の責任でさせ
ダメにする親は、子どもに「したい」と言わせ、やたら多くさせる

○
習い事は絞ってさせる。
家族で過ごす、休みの日を作る。
親が習い事をさせたいなら、そう伝える。

×
「うちの子だけやってないのはかわいそう」
やたらと習い事をさせる。はじめるときに、
子どもに「したい」と言わせ、責任転嫁する。

学校から帰って、ピアノに行って、その後塾に行って。明日は英語教室と……と、スケジュールに追われている子どもたち。主体性や積極性を失なう子が増えています。

それだけ親が子どもに対してできることに自信がないのかなと感じています。あるいは「うちの子だけ遅れをとったらどうしよう」と思うのでしょうか。

人間の脳は刺激によって発達していきますが、その回路を整理する時間が週に一日はあるといいと言われています。お休みをきちんととって、習い事とは関係ない遊びでもするといいのです。ぜひ親子でお出かけしたり遊んだりしてほしいと思います。

また習い事を子どもに「楽しそう？」「好き？」などと聞いてからはじめさせようとするかたもいますが、子どもに責任転嫁せず、はっきりと「お母さん、お父さんはさせたいと思っている」と伝えるべきです。それでも習い事は絞り、家族の時間を持つようにしましょう。「子どもといる時間を持て余《あま》してしまいます。どうしたらいいですか？」というかた。見かたを変えて、一緒にいるだけでいいじゃありませんか！　お子さんと時間を持てること自体が大切だと気付きましょう。

♧つめ込みすぎは消化不良を起こします。脳を整理する日を持ちましょう

74

子どもを伸ばす親は「大きくなったら○○になりたい！」を受け止め
ダメにする親は、目標を持たせることを大切にせず「勉強しなさい！」

○ 大きくなったらなににになりたいかを問いかけ、子どもの答えを受け止めて、なれたらどうかを想像させる。

× 目標を持たせることで、そのためにはなにをすればいいか、自然と考えられるのに「勉強しなさい！」で芽を潰す。

え〜っと… ケーキ屋さん

「大きくなったら、なにになりたい？」と聞いてみましょう。2～3歳児は「パンダ」なんて答えてくれますが、冷やかしてはいけません。「そう、なれたらいいね」と受け止めてください。年齢とともにキャラクターや身近に目にする仕事に変わっていきます。

大切なことは目標を持たせることです。そして、それが達成できたらどうなるかを空想でいいから体験させるのです。たとえば「パンダになったら、どんな気持ち？」とか「パンダになって、なにがしたいかな」などです。潜在意識に刷り込まれたことは実現していきます。子どもがかわいい夢を持っていることを喜びましょう。

自分が世のなかに出たらなにをしたいのか、そのためにどうすればいいのかと考えられる年齢になるまでは、勉強することを楽しむ資質を育ててあげればいいのです。

私がパイロットを志《こころざ》したのは、父の「お父さんは船長さんかパイロットになりたかった」という「アイ（I）メッセージ」がきっかけでした。決して「そうするためには勉強しなさい」と子どもたちに言うこともないのです。きちんと目標が定まれば勉強するようになります。

❖目標は他人から与えられてもダメ。いつも自分のなかから生まれてくるべきものなんだ――タイガー・ウッズ

75

子どもを伸ばす親は、どう生きたいのか、ブレない軸があり
ダメにする親は、親のなかに軸のないまま、早期教育にすがる

○
親自身のなかに、どう生きたいか、
どう育てたいか、ブレない軸がある。
それに基《もと》づいて吟味《ぎんみ》された教育をする。

×
内容を吟味せずにはじめる早期教育。
教室を転々とする教室ジプシー。
親に人生の軸がない。

早期教育と聞いて、なにを思い浮かべるでしょうか。私は早期教育、右脳教育を肯定しますが、大切なのはその内容です。子どもの脳の生理を考えているか。知識や技術の習得に偏《かたよ》っていないか。子どもの心を伸ばしているか、志を育てているか。創造力を伸ばしているか。感性を育てているか。教室の教育理念やノウハウはどうか。講師の力量や印象、相性は？人間性は？　人に学ぶという考えかたもあります。

教室ジプシーと呼ばれる人もいます。「あっちのほうがいい」と移っては違ったと、教室移りを繰り返しています。そうした行為が、お子さんになにを教育していることになるのか。

早期教育は、基本的には家庭で行えることばかりであり、私たちの教室などなくてもいいという時代が望ましいのかもしれません。

時代の変化に伴《ともな》って、なにが変わろうとも、あなたのなかにある軸はブレませんか？　幼児期に育てておきたいと思うものはなんですか？　あなたの人生で大切なものは？

早期教育、育児は、人間性や能力の源に影響し、価値観を伝え、人格形成に影響を及ぼすことでもあるのです。

❖己《おのれ》こそ己の主。己こそ己の寄《よ》る辺《べ》。己を整えよ――ブッダ

76

子どもを伸ばす親は、外国語を学んでいるとも気付かないうちに与え
ダメにする親は、教える、教えないという視点ばかりから考える

学んでいるとも気付かないうちから外国語に触れる環境を与える。
子どもの学ぶ力を生かして、教えずに教える。

意味がわからない年齢で与えるのはよくない、小さいうちに教えても忘れるから無駄、日本語が変になってしまうなどの否定意見。

apple? orange?
apple

私たちが日本語という母語を身につけられたのは、特別優れた日本語教室に通ったからでしょうか？　単語の意味がわかるから？　発音トレーニングを受けましたか？　自分が日本語を獲得していることを意識していたわけでもありませんね。

そう、親をはじめ周囲に日本語を話す人がいたから身につけられたのです。学び手として優秀だったから、環境から勝手に学んでしまったわけです。つまり教えかたではないのです。大人からすると離れ技のようですが、幼児には可能なのです。

しかしながら、多くの人たちは教える教えないという与える側の視点から考えているようです。なぜなら外国語は教わって学ぶものだという経験をしてきましたし、そのことが常識ととらえられているからです。

「環境を与える」のは、やはり「教える」ということかというとそうではありません。

矛盾する言葉に聞こえるかもしれませんが、「教えずに教える方法」というものが存在します。その方法による英語習得でもっとも障壁となるのは、つい「教えてしまう」ことです。外国語は学んでいることも気付かないうちからはじめるべきなのです。

「外国語は教わって学ぶもの」という概念にとらわれないことです

77

子どもを伸ばす親は、体験を通して、知識を知恵に変えるのを助け

ダメにする親は、学校の勉強が大事で、遊ぶ時間を無駄と考える

○ 体験や遊びを通して学ぶ力をつけさせる。「勉強」を四角四面にとらえず、子どもが知識を知恵に変える手助けをする。

× プリントや学校などの勉強をさせることしか考えない。のびのび過ごす時間を無駄と考える。

勉強については、勉強をすることの意味や姿勢を教えることが大切です。机にしがみついているばかりがいい結果を生むとは限りません。むしろ幼少期は体験から学ぶことが多いと知りましょう。プリントなどはその押さえなのです。

集中して、できるだけ短い時間に効果を上げられるように工夫をしましょう。あとは子どもの自由にのびのびとさせること。そういった時間を無駄と考えてはいけません。

そして知識を持っていることの楽しさや、知ることの喜びを身につけていくのがいいですね。あまり「勉強しなさい」と言ってやらせていると、自分のためではなく、親のために勉強をしているのだと誤って植えつけてしまうことになります。

子どもが「勉強しよう」という言葉をすでに嫌っていたら「遊ぼう」といって遊べばいいのです。漢字遊び、カルタ、なぞなぞ、しりとり、お絵かき、歌……一緒に遊んでいますか？　どこかに通わなくてはできませんか？　子どもたちはそんな体験を通して、知識を知恵として使えるようになっていくのです。「よく学び、よく遊べ」と言いますが、言葉を変えて「よく遊び、よく遊べ」の気持ちで教育を考えていきましょう。

❖母は私を深く理解し、私の性質が向いているほうに、いつも進ませてくれた――エジソン

78

子どもを伸ばす親は、習い事は親の方針として「これをさせる」と決め
ダメにする親は「習い事＝教育」と考え、子どもにしたいと言わせる

○

教育の本質とは、資質を引き出し伸ばすこと。
習い事をさせるなら「親がさせたいからさせる」
判断力の未熟な子の道筋をつけるのは親の役目。

×

比較し、欠点を埋めるために叱咤激励《しったげきれい》する。
習い事をさせるのに、子どもにしたいか聞く。
子どもに責任を転嫁しているだけ。

「習い事＝教育」ではありません。もちろんどこかに通って身につけること自体はまったく悪いことではありません。ただし教育の本質を忘れないでいただきたいのです。

本来、教育とは、その子の資質を引き出し、伸ばすことです。しかしながら、多くの親がわが子をほかの子どもと比較し、欠点や不足を減らすために叱咤激励している。子どもも親の顔色をうかがってやっているように見受けられます。

習い事をはじめるときに「バレエ（習い事）好きよね？」と聞く親御さん。一回の体験程度で好きか嫌いかなんてわかるわけがありません。子どもはとりあえず好きと答えてしまいます。親のがっかりした顔を見たくないからです。そしてやっているうちにおもしろくなればいいのですが、そうでない場合。「好きって言ったからはじめたんでしょう！　やめさせるわよ！」

親のエゴなのですから、堂々と「親の意志で、この子をこれに通わせる」とすればいいのです。まだ判断力のない子どもの道筋をつけるのは、親の役割なのですから、そういうものだと思えばすっきりします。これは親の方針だと。気がつくと楽になりますよ。

❖成功を収めるには、人から愛される徳と、人を恐れさせる欠点とが必要であろう——ジュベール

79

子どもを伸ばす親は、本人の関心に合わせて本好きな子に育て
ダメにする親は、親の思う「いい本」を押しつけようとする

○ 読み語りの習慣を続ける。おなじものを繰り返しせがまれても、何度でも読んであげる。

× 子どもの関心をコントロールして、読ませたい本を読ませようとしたり、「本は楽しい」を押しつけようとしたりする。

山奥に
住んでいる
クマ吉は…

読書は知的好奇心を育み、世界を広げます。本には書いた人の知恵がつまっています。

本を読む習慣をつけるには、小さなころから寝る前などに読み語りをしましょう。子どもが本を見ていなくてもかまいません。10分なら10分続けてくだされればいいのです。私はこれを小学校4年生くらいまでは続けていただきたいと思います。文字が読めるということと、それを頭のなかでイメージして楽しめるということとは別と考えるからです。

これによって国語力がついていきます。すると他の教科も伸びる素地になります。またほかの言語を伸ばしていく際にも、国語力がモノを言います。さらに読み語りの時間は、お子さんにとって、自分に目が向けられていると感じる時間にもなります。

また手の届く身近なところに、いつも本があること。せがまれたら、おなじものでも何度でも読んであげること。「別のいい本を読ませたいのに、繰り返しおなじ本ばかり」というお母さん。よくわかります。大人は飽きちゃいますもの。

でも価値観は本人が持つものです。まず本は楽しいものであることを教えてあげましょう。「本は楽しいものよ」ではなく「本を読んであげるね」が大事なスタートなのです。

❖すべての人間は、生まれながらにして知ることを欲している――アリストテレス

80

子どもを伸ばす親は、日本の文化や歴史に触れ、誇りを培《つちか》い
ダメにする親は、自国を知らずに、英語習得や海外交流に熱心

日本の文化や歴史を子どもとともに楽しむ。
自国の文化を誇れてこそ
世界でも活躍できる人になれる。

海外崇拝で、英語習得などには熱心だが、
日本の文化や歴史について知らない。
子どもは日本人としての誇りが持てない。

日本には日本の歴史や文化があります。他国の人と交流を持とうとするならば、まず自国の文化についてなにかひとつでも知っておくべきです。日本の伝統行事をはじめ、茶道や華道、剣道や空手、書道、身近なものではあやとりや折り紙でもかまいません。自分が語れるものを身につけさせてあげるといいでしょう。また神話や昔話を、たくさん話してあげましょう。それらは誇って十分なもの。ひいては日本人としての誇りに繋がります。

英語を身につけるのもいいですが、海外に行って日本のことを知らなかったという感想をよく耳にします。私たちには日本の文化に対する知識が欠落してはいないでしょうか。

父の仕事の関係で、家族で海外に住んでいたことがありますが、母は華道の免状を、弟は空手を活かし、大げさに言えば、それぞれに草の根外交ができていたように思います。私も日本のボーイスカウトについて質問攻めにあったものです。自分に興味を持ってもらうというのは、外国に対してだけに限らず、人間関係にとって大切なことです。外国の文化を学ぶなら、まず自国の文化から。お子さんと一緒にいまからでも学んでみませんか?

❖相手に劣等感を持ってしまったら、たとえ自分に多少の知識があっても、それを外に向かって広めることができようか――福沢諭吉

どんな脳を育てる？

アニメのキャラクターなど、子どもは大好きなものをよく覚えていますね。名前だけでなく、技や進化系など、さまざまなことをスラスラと答えてくれます。

そんな子どもが、勉強でたいしたことはない（と親が思っている）ことをなかなか覚えられなかったり、間違えたり。親は「くだらないものばかり覚えるのに、こんな簡単なことも覚えられないなんて」とイライラ。

子どもは遊びだから覚えられて、勉強だから覚えられない。そう思い込んでいませんか？　おなじ脳なのに、かたや苦労なく簡単に覚えられ、かたや努力してもなかなか覚えられない。なぜそのような違いが生まれるかということに注意を払う大人はほとんどいないようです。しかしよく考えてみると、頭のよし悪しではないと気付くのではないでしょうか。

では、いったいなにが違うのか。それは脳が学習しやすいように働くか、学習しにくいように働くかという違いなのです。

したがって、学習の前の心の状態をどう作るかがポイントになります。重要なのは、多くの親や教師が試行錯誤している学習の方法ではないのです。

さて、学びやすい脳を育てるためのポイントは3つあります。

まず教えてくれる人や、学ぶ対象に興味、好奇心があるか。心を開いているか。ここで興味がないとか、先生が嫌いとかですと、あとへ続きにくくなります。

幼児、児童は親の好みの影響を受けやすいことを覚えておきましょう。先生の批判や悪口は子どもの学びという視点から考えてよくありません。

2つめは、じっくり考えたり集中したりできる子に育っているか。せかす育児では難しいですね。過干渉をしてしまったり、集中を途切れさせてしまう原因は、親であることが多いのです。子どもの言葉を受け止めて返してあげるコミュニケーションの子育てを心がけましょう。

3つめは、子どもを信頼して勇気づけること。まだまだできないことがあっても、試行錯誤しながら多くのことを学べるのが幼児の脳力です。見守ることを心がけましょう。木の上に立って見ると書いて「親」です。親の見守る姿勢によって自立心も育ちます。

心を育てる教育は、脳を育てることにほかなりません。つい感情的になりがちな場面では、いま自分がとっている方法は、子どもの脳に自分の望むことをうまく学ばせているのかなと考えてみる。すると冷静になりやすいのではないでしょうか。本書の各章ひとつずつでもかまいませんから、取り入れていただきたいと思います。

子どもにも大人にもかけたい肯定の言葉集 130
～声に出して読んでみよう～

【あ行】

ありがとう！
愛しているよ！
明るいね！
あんよが上手！
挨拶がいいね！
いいね！
いっしょいっしょ！
椅子をしまえるね！
いてくれてありがとう！
美しいね！
うまいね！
嬉しいよ！
うきうきするね！
運動神経がいいね！
えらいね！
笑顔が素敵！
大きくなったね！
教え上手だね！
男らしいね！
女らしいね！
おしゃべりが上手だね！
落ち着いているね！
おめでとう！

【か行】

頑張ったね！
賢いね！
かわいいね！
かっこいいね！
感動的だね！
感謝してるよ！
輝いてるね！

きれいだね!
気持ちがいいね!
キラキラしているね!
気分がいいね!
機転がきくね!
元気だね!
キラキラしてるね!
口元が可愛いね!
口をふけたね!
靴並べが上手だね!
健康的だね!
経験を積んだね!
こぼさなかったね!
声が素敵だね!
声が大きいね!
声がかわいいね!
声がよく通るね!
声が魅力的だね!
心に響いたよ!
心が広いね!

【さ行】

最高!
さすが!
さわやかだね!
幸せだよ!
上手だね!
自信を持っているね!
字が上手だね!
実践的だね!
実力があるね!
姿勢がいいね!
すごい!
素敵!
素晴らしい!
素直だね!
好きだよ!
センスがいいね!
成功するよ!

【た行】

大好き!
楽しいね!
大切だね!
大丈夫だよ!

食べかたが上手だね！
力があるね！
強いね！
天才だね！
手を洗えたね！
手伝いが上手だね！
トイレができるね！
友だちが多いね！

【な行】
ナイス！
なんでもできるね！
ニコニコだね！
人気者だね！
似合うね！
二枚目だね！
粘り強いね！
ぬくもりを感じるよ！
寝顔がかわいいね！
ノリノリだね！
のんびりだね！
のどかだね！
のびのびしているね！

【は行】
鼻をかめるね！
バランスがいいね！
ひとりでできたね！
ひょうきんだね！
表情がいいね！
プラス思考だね！
返事が素晴らしい！
勉強家だね！
本当に！
パパと一緒だね！

【ま行】
前向きだね！
真似したいな！
ママと一緒だね！
見事だね！
見違えるね！
身軽だね！
見習いたいね！
向いているね！

目がいいね！
目のつけどころがいいね！
ものすごいね！
持ちかたが上手だね！
物知りだね！

【や行】

優しいね！
役に立つね！
やったね！
勇気があるね！
愉快だね！
よかったね！
よく来たね！

【ら・わ行】

楽ちんだね！
ラッキーだね！
立派だね！
利口だね！
礼儀正しいね！
わかったね！
わけられたね！
ワクワクするね！
笑い顔が素敵！

あとがき

子育てに正解はありません。

親子関係や、指導者と子どもという人間関係の構築は、ほとんどの人が手探りでやっているのが現状ではないでしょうか。

これでいいのかな？　迷っている親御さんも少なくないことでしょう。

しかし子どもと関わる指針を持つのは、そう難しいことではありません。

将来どんな人になってほしいのかを考えればいいのです。「年収◯千万円稼げる」「豪華な家に住める」「高級車に乗れる」……それだって目標のひとつでしょう。否定はしません。

ただし大切なのは、それを手に入れたとき、どういう心を持つか。生きかたはどうなるのか、ではないでしょうか。

わが子にどんな人になってほしいのか。どんな生き方をしてほしいのか。あらためて自問し、そこをスタート地点として考えるといいでしょう。

セミナーなどの指導をしていると、親でも指導者でも、周囲の目や評価を気にするあまり、自分に自信がなく、心が揺れ動いてばかりいる人が多いのが気にかかります。

その人の「軸」を感じられないのです。

自分はどのように生きたいのか、人生の目標をどうとらえたらよいのかが見えず、不安な人が多いようです。

人生の主人公は、他人ではなく自分です。それを決めるのも、自分。幸せを感じるのも自分であって、他人ではありません。自分を認められないことで進むべき方向がわからなくなってしまっているのです。

しかし目標をはっきりとさせることができると、人は変わります。目に見えていきいきとしてきます。目標を据えるということが、人生においていかに大事か、おわかりいただけるでしょう。

そして目標つまり目的地さえはっきりしていれば、行きかたはさまざまでいいのです。そのときどきで目標に向かっているかを意識しながら、柔軟に判断して、道を選んだり修正したりすればいい。正解や一番よい方法を探さなくていいのです。

子育ても同様です。自分に気付き、受け入れる柔軟性が親にあると、近視眼的にならずに済むでしょう。また比較したり、短所が気になったりという接しかたも変わり、ストレスのある育児から解放されるはずです。

本書でお話ししてきた「習慣」を変えるためには、やはりしばらくのあいだは、意識的に自分に関わっていく必要があります。

大切なのは「ねばならない」「すべき」ではなく、「少しずつ修正」でいい、ということ。少しでも変わろうと思うところがスタートですし、そう思えたご自分に拍手をしてほしいなと思います。

そして少しでも変われたら、もっと大きな拍手をしてください。

子どもは親が育てたいように育つのではなく、育てられたように育ちます。

しかし親だって、知らないこと、わからないことがあるのは当たり前です。ましてや子育てについて学ぶ機会の少ない現代ではいたしかたのないことです。当然、悩みや迷い、葛藤も発生するでしょう。

成長しない親は、子どものことで悩むのはいけないことと考え、成長する親は、子どものことで悩むのはあたりまえと考える習慣があります。

本書を手に取ってくださったみなさんなら、後者の習慣を選択されると信じています。

子どもたちの成長にとって、私たち大人の〝成長する習慣〟も大切なのです。

私たちは育児や教育を通して、さまざまなことを学びます。まさに育児は育自、教育は共育という言葉がぴったりだと思います。

子どもが子どもらしく、のびのびと学ぶ力を発揮できるようにするには、環境要因である親の影響はとても大きいです。巻頭にも書きましたが、この本を通してひとつでも指針となるものを手に入れていただけたら幸いです。

そしてひとりでも多くのかたが「子育てって楽しいな」、わが子や教え子に「この子が生まれてきてくれて幸せだなあ」と感じていただけたら素敵だなと思います。

最後に本書をご企画いただいた明日香出版社の石野栄一社長、そして素敵な内容に仕上げてくださった育児真っ最中の大川内麻里さん、塾の教育現場からのヒントをいつもくれる妻の有紀子、成長をともに喜び合える素敵な仲間たちに、心から感謝申し上げます。

池江俊博

参考文献

■平井信義『子どもを叱る前に読む本』　ＰＨＰ研究所
■石田一宏『子供の心の基礎づくり』　大月書店
■ハイブロー武蔵『めんどうな人間関係で絶対つまずかない作戦』　総合法令出版
■池江俊博『プチ速読』　総合法令出版
■草場一壽『いのちのまつり』　サンマーク出版
■『座右の銘』　本の泉社
■伊宮伶『親と子、子育ての名言・ことわざ集』　新典社
■大坪信之『偉人を育てた母の言葉』　致知出版社
■安冨歩『超訳　論語』　ディスカヴァー・トゥエンティワン
■白取春彦『超訳　ニーチェの言葉』　ディスカヴァー・トゥエンティワン
■小池龍之介『超訳　ブッダの言葉』　ディスカヴァー・トゥエンティワン

■著者略歴
池江　俊博（いけえ・としひろ）

一男二女の父。高校卒業後、空への憧れから航空自衛隊戦闘機操縦士となる。その過程で教育に興味を持ち、幼児教育に大転身。

サンタフェNLP/発達心理学協会、INA、ICNLP認定のNLPトレーナー。

子どもの未来のためには大人の元気が必要と、NPO法人読書普及協会を設立。

離婚後、幼児教育、能力開発、メンタル、コミュニケーション、プチ速読セミナーなどを提供する企業の代表を務める。

また中国陝西省婦人部网校家庭教育専家顧問に就任。早期教育能力開発の指導教育をしており、提携先企業を早期教育業界で初の上場に導いた。

株式会社ノーザンライツ代表取締役
趣味はウクレレ、アウトドアスポーツ全般、エアロバティック。

著書
『いつも目標達成している人の「人の心を動かす」NLP会話術』（明日香出版社）
『プチ速読』（総合法令出版）ほか
WEBサイト
http://northernlights.jp/

本書の内容に関するお問い合わせ
明日香出版社　編集部
☎(03)5395-7651

子《こ》どもを「伸《の》ばす親《おや》」と「ダメにする親《おや》」の習慣《しゅうかん》

2014年　8月　28日　初版発行
2018年　9月　8日　第22刷発行

著　者　池《いけ》江《え》俊《とし》博《ひろ》
発行者　石野栄一

明日香出版社
〒112-0005 東京都文京区水道2-11-5
電話 (03) 5395-7650（代表）
(03) 5395-7654（FAX）
郵便振替 00150-6-183481
http://www.asuka-g.co.jp

■スタッフ■　編集　小林勝／久松圭祐／古川創一／藤田知子／田中裕也
営業　渡辺久夫／浜田充弘／奥本達哉／野口優／横尾一樹／関山美保子／藤本さやか　財務　早川朋子

印刷　株式会社文昇堂
製本　根本製本株式会社
ISBN 978-4-7569-1727-0 C2036

がんばって、壁に当たって、悩みながらも働くあなたが伸びていくのを応援します

伸びる女《ひと》と
伸び悩む女の
習慣
関下 昌代 著
Masayo Sekishita
仕事だけできてもダメ。
プライベートもイキイキしていて
人に好かれて、日々笑顔で暮らす
あの女の魅力の根源
明日香出版社

高卒でフツウに地元の銀行に勤め始めた私でも、気がつけばシティバンクで20年。

伸び悩む女（ひと）の代表として、きら星のような人たちの中で、いろんな失敗と挫折の経験をしてきた実体験をお話ししつつ、「伸びる」ポイントをお見せします。

2014年7月発行
本体価格1400円+税
ISBN978-4-7569-1711-9
発行・発売：明日香出版社

Chapter1「私」のあり方

Chapter2 仕事への姿勢

Chapter3 タイムマネジメント

Chapter4 こころの整理

Chapter5 コミュニケーション

Chapter6 自分磨き

Chapter7 自分時間